CW01513185

la

petite vermillon

Les dimanches de Jean Dézert

Jean de La Ville de Mirmont

LES DIMANCHES
DE JEAN DÉZERT

suivi de

L'horizon chimérique

◆

Autres poèmes

◆

Contes

La Table Ronde
26, rue de Condé, Paris 6ᵉ

© Éditions de La Table Ronde, 2013, 2019
pour la présente édition.

editionslatableronde.fr

Sommaire

Préface

Ce garçon bordelais s'asseyait sur les mêmes bancs que moi à la Faculté ; mais il fallut notre rencontre à Paris pour que nous cédions au désir de nous connaître. En province, de deux étudiants qui s'épient, chacun peut croire que l'autre le dédaigne et craint de se lier. Jean de La Ville de Mirmont était le fils d'un latiniste fameux qui occupait une chaire à l'Université et qui, au conseil municipal, siégeait à gauche. Aux examens, cet homme éminent se divertissait à taquiner (avec gentillesse) les Abbés rougissants et les élèves des Jésuites par des questions insidieuses ; et je craignais que son fils Jean n'eût hérité de sa malice. Je sortais de chez les Marianites ; lui, du lycée. Les étudiants d'aujourd'hui ne connaissent plus ce malaise qui régnait dans la jeunesse, vers ces années 1905-1906. Les « deux Frances » partout s'affrontaient. Mais j'aurais dû pressentir que cet adolescent, aux poches déformées par les livres, vivait bien au-dessus de nos querelles. J'étais sensible à sa grâce, à cet air d'enfance qu'il avait gardé ;

pourtant je n'osais aller au-delà des poignées de main et des propos ordinaires.

Paris devait nous réunir. Même mes amis bordelais, c'est à Paris que je dois de les avoir connus. Une seule rencontre avec Jean de La Ville sur le trottoir du boulevard Saint-Michel suffit pour nous révéler cette amitié lentement formée à notre insu. Ce jour-là, il monta jusqu'à la chambre que j'occupais alors, à l'Hôtel de l'Espérance, en face de l'Institut catholique, et il lut mes premiers vers : « J'ai refait connaissance, ces temps derniers, avec Mauriac, écrivait-il le 31 mars 1909 à Louis Piéchaud... Tâchez de le rencontrer pendant les quelques jours qu'il passera à Bordeaux... Il vous racontera nos promenades nocturnes dans Paris jusque vers trois heures du matin, nos causeries auprès de son feu, nos projets insensés, et nos enthousiasmes ridicules... »

Ce Paris de 1909 que nous découvrions ensemble, il le décrit ainsi dans une autre lettre à Louis Piéchaud : « Paris me plaît, le Paris froid de ces jours derniers avec son ciel de verre dépoli, la grisaille claire de ses grands boulevards et le claquement sec des sabots des chevaux sur les pavés de bois ; le Paris humide comme aujourd'hui, où la nuit tombe vite et où les becs de gaz ont un halo transparent... »

Tandis que je m'installais rue Vaneau, il vint habiter la rue du Bac, en un logis bas de plafond où il préparait le concours d'entrée à la Préfecture de la Seine. Mais la poésie l'occupait plus que le droit. J'entendrai éternellement cette psalmodie, cet étrange nasillement doux de Jean de La Ville, le visage baigné de fumée. *Certains poèmes de lui, qui n'ont pas été recueillis dans* L'Horizon *chimérique, gardent pour moi l'inflexion de sa voix, au point qu'aucune photographie ne me l'évoque mieux que ce seul vers d'un morceau inédit :*

La mer des soirs d'été s'effeuille sur le sable…

De Ronsard et de du Bellay à Baudelaire, à Rimbaud et à Jammes, nous descendions, jeunes bateaux ivres, le fleuve français. Bien que nous fussions fort sévères à l'égard de Rostand, nous étions impressionnés par l'importance qu'avait prise Chantecler *dans le monde. Le soir de la répétition générale, nous errions sur les Boulevards : « Si pourtant ç'allait être un chef d'œuvre ! » bouffonnait Jean de La Ville. Nous nous attablâmes au Café Riche, dans l'espoir d'entendre les commentaires des spectateurs, à la sortie. Un premier couple entra, une vieille femme couverte de perles, un gros homme maussade, nous tendîmes l'oreille ; mais ils s'assirent et demandèrent des huîtres sans échanger une seule parole.*

De tous les poètes vivants, Jammes demeurait le plus aimé : « Je vois Bordeaux en ce moment à travers Le Deuil des primevères, *me confiait Jean en octobre 1909. C'est l'époque de la foire et de l'odeur neuve des livres. Le port est rempli de bateaux à voiles bretons, salis et décolorés par les brumes d'Islande… »*

L'obsession du voyage, du départ, ne le quittait guère. En vain feignait-il de rire : « Le rond de cuir brille comme une auréole au-dessus de ce fastidieux travail, me guidant comme l'étoile de Bethléem… » Au fond, il ne croyait pas à sa destinée de bureaucrate : quelque événement devait surgir, il ne savait quoi… La gloire littéraire… ? mais s'il souhaitait d'écrire de beaux poèmes, il eût mieux aimé mourir que de s'abaisser à des démarches. La gloire, il fallait qu'elle vînt le chercher. Sa délicatesse, sur ce point, était farouche. Les garçons d'aujourd'hui l'eussent bien scandalisé par leur impatience. Ce qui l'eût le plus étonné, j'imagine, c'est leur manque d'ambition véritable : « Des vers, écrit-il à Louis Piéchaud, j'en ai construit pas mal tous ces jours-ci, mais pour les détruire aussitôt. Je crois que, pour bien faire, il faut être difficile, très difficile avec soi-même. D'ailleurs, l'œuvre forte et savoureuse est celle que l'on porte longtemps dans sa tête, qui a le temps de mûrir et que l'on met un jour laborieusement au monde. La seule étude, pour le poète, est l'étude de la vie – son labeur le plus fécond est de vivre et de bien vivre. »

Sévère pour lui-même, Jean n'éprouvait qu'indulgence envers ses amis, et l'homme de lettres naissant que j'étais ne le scandalisait pas. Il avait trouvé, pour mon premier recueil, ce titre Les Mains jointes ; et lorsque Barrès consacra à ces balbutiements un article dans L'Écho de Paris, je reçus à Bordeaux, où Pâques m'avait ramené, cette lettre fraternelle : « Mon vieil ami, j'ai failli aujourd'hui contre mon habitude ne pas acheter L'Écho de Paris. Mais, avant de rentrer travailler, une sorte de pressentiment m'a fait retourner sur mes pas jusqu'au kiosque... Je suis content, très content. Si tu n'avais pas quitté la rue Vaneau, tu m'aurais vu tout de suite au haut de ton escalier. L'article Barrès est charmant. L'homme dédaigneux t'a compris, mais, sans vanterie, je crois te comprendre encore mieux que lui parce que je ne me demande pas comme lui : "Quelle voie veut-il choisir" ni : "Qu'adviendra-t-il de la charmante source ?" Je sais où conduit le pli de terrain bien que la source me suffise. Barrès compte sur ton bon sens, ta raison ; pour moi je compte encore sur autre chose. D'ailleurs, quoi qu'il espère de tes "quatre saisons", quoi que nous espérions tous, il me semble que je n'aimerai jamais rien de toi davantage que ces Mains jointes que j'ai vues s'unir dans notre obscure amitié – et que ces vers que tu m'as lus pour la première fois dans une chambre d'hôtel... Je te serre affectueusement les mains sans les disjoindre. »

Ce fut le printemps de notre amitié. L'année suivante, nous passâmes ensemble les vacances de Pâques dans ces Landes où il inventait, pour les enfants de ma famille, des jeux merveilleux. Il jouait au sauvage, construisait des huttes et des cabanes ; la poésie avait gardé intacte en lui la grâce de l'enfance. Ce grand garçon de vingt ans, à la peau sombre, aux yeux brûlants et doux, dans une figure ronde et nette, sous des cheveux aile-de-corbeau, était semblable à l'un de ces petits dont les anges voient la face du père. Les enfants l'avaient adopté non comme une grande personne, mais comme un égal capable de comprendre leurs secrets ; il n'avait pas à se mettre à leur por-

tée. Il courait avec la même joie, avec les mêmes cris dans le parc aux pins centenaires et son rire avait la même innocence.

Cependant il vivait, il aimait, il souffrait. Je crois qu'il a beaucoup souffert, qu'il a voulu beaucoup souffrir. Ce rêveur ne fuyait pas la vie. Tout lui était enrichissement. Ses premiers travaux ne le satisfaisaient guère, et il n'a jamais désiré être lu par beaucoup. Les Dimanches de Jean Dézert *ne furent imprimés que pour le petit nombre. Le Jean qu'on y voit n'est déjà plus celui qui me récitait des vers, rue du Bac. Il avait réalisé son rêve d'aller vivre dans l'île Saint-Louis. Ces chalands, cette eau endormie, il y aimait sans doute l'image de son destin : voyageur immobile, corsaire condamné à ne pas courir les mers. Mais une grande et terrible marée allait bientôt venir le chercher sur le vieux quai paisible. J'étais près de me marier ; je crus qu'il s'éloignait de moi ; il avait d'autres camarades, je l'accusais d'avoir changé d'amis en même temps que de quartier. Mais, grâce à Dieu, il vint me voir en juin 1914 ; il s'assit à mon jeune foyer ; nous nous sommes retrouvés, ce soir-là. Nous nous séparâmes, en nous promettant de nous revoir souvent, à la rentrée.*

Dès la déclaration de guerre, il rangea ses papiers, réunit les vers qu'il jugeait dignes de lui survivre et courut les bureaux de recrutement pour être versé dans le service armé (à quoi son extrême myopie l'avait rendu impropre). À cet endroit de notre récit, effaçons-nous devant la mère de Jean. Il fallait être entré bien avant dans l'intimité de mon ami, pour connaître cette tendresse infinie qu'il avait vouée à sa mère. Il m'en a parlé plusieurs fois, comme on confie à voix basse son plus grand amour. Je sais qu'aucune bassesse, qu'aucune laideur ne détruisait la confiance de Jean de La Ville de Mirmont dans la vie, parce que sa mère existait. C'était donc que la beauté, que la vertu, que l'amour existaient. Jean croyait en Dieu parce que sa mère priait Dieu. Elle seule est digne de nous raconter la mort de son fils.

« *Dans la tranchée de première ligne derrière le rempart des chevaux de frise où se hérissent les inextricables réseaux des fils barbelés, le sergent de Mirmont et ses hommes, réunis pour la relève de trois heures, attendent debout, irrésolus, la musette au flanc, l'arme au pied. Depuis un moment, l'artillerie allemande commence à arroser furieusement. Le temps est froid mais beau. Le soleil encore élevé illumine le Chemin des Dames et frappe les quelques sommets dénudés des arbres du bois des Baules tout proche. Le capitaine Bordes, inquiet pour son jeune sergent, paraît au haut du boyau.*

« — *Eh bien ! et cette relève ? Elle est arrivée ? demande-t-il. Oui ? Alors vous partez ? Cela va être l'heure. Filez vite !*

« — *Non, capitaine, décidément je reste. Les boches semblent vouloir attaquer et je ne peux pas leur lâcher le morceau. D'ailleurs, partir sous cette* mitraille serait presque aussi dangereux. Nous ferons la relève à six heures… si nous pouvons.

« Le capitaine insiste, mais un obus tombe tout près, lui coupe la parole… Il retourne à son poste de commandement, non loin de là. À peine y est-il arrivé qu'une détonation formidable ébranle la terre : c'est un des premiers minen-werfers que les ennemis envoient… Obligé de donner des ordres, le capitaine ne peut quitter son téléphone. Un moment après, un brancardier arrive essoufflé :

« — Le sergent de Mirmont est enseveli avec deux hommes, mon capitaine.

« Bordes remonte en hâte. Malgré le danger, on déblaie. Les hommes sont morts. Seul le sergent respire encore. Surpris dans l'attitude du combat, accroupi, la tête levée, l'arme en avant, prêt à bondir, l'énorme masse de terre l'a comme tassé. Le capitaine le fait emporter au poste de commandement et court à la recherche d'un médecin. Il n'y a rien à faire : la colonne vertébrale est brisée à la nuque. Bordes s'approche de son ami ; il l'appelle. Jean ouvre ses grands yeux où passe une dernière lueur d'intelligence :

« — Maman ! murmure-t-il.

« — Elle vous embrasse, dit le capitaine en posant longuement ses lèvres sur le front du mourant qui sent le baiser, ébauche un sourire.

« Oui, elle est là, auprès de lui ; il est comme dans ses bras.

« — Maman, maman ! répète-t-il encore deux fois, puis il sombre dans le coma… »

*Sur la table de travail abandonnée où la pous-
sière a mis son linceul, la mère trouve ceci :*

Cette fois, mon cœur, c'est le grand voyage ;
Nous ne savons pas quand nous reviendrons.
Serons-nous plus fiers, plus fous ou plus sages ?
Qu'importe, mon cœur, puisque nous partons !
Avant de partir, mets dans ton bagage
Les plus beaux désirs que nous offrirons.
Ne regrette rien, car d'autres visages
Et d'autres amours nous consoleront.
Cette fois, mon cœur, c'est le grand voyage.

*Ces poèmes nostalgiques, ces proses que nous réu-
nissons trahissent des influences : Baudelaire, Lafor-
gue, dont Jean de La Ville se fût débarrassé. Mais ils
témoignent magnifiquement qu'avec ce jeune homme
a disparu tout un monde d'harmonie et de vie. Des
frères et des sœurs de Jean Dézert ont été ensevelis avec
lui. Au-dessus de cet immense front, de la mer à
l'Alsace, mouraient les créatures de tous ces créateurs
immolés.* L'Horizon chimérique *est ce coquillage où
gronde un océan : l'œuvre de Jean de La Ville qui ne
naîtra jamais. Pourtant souvenons-nous de Maurice
de Guérin. Il a suffi d'un livre aussi frêle que celui-
ci pour que sa mémoire demeure. Les Reliquiae de
Jean auront cet heureux destin. À Fauré près de
mourir,* L'Horizon chimérique *inspira ses dernières
mélodies : portés par cette musique déchirante, les
vers de notre ami atteindront des cœurs qui, sans elle,
ne les auraient pas connus.*

La mort détruit, mais la vie dégrade. « Surpris dans l'attitude du combat, la tête levée, l'arme en avant, prêt à bondir... » la mort a fixé Jean de La Ville dans cette attitude, pour l'éternité. Sur la rive où nous aborderons un jour, nous reconnaîtrons d'abord ce jeune homme éternel. Mais lui, il ne nous reconnaîtra peut-être pas.

FRANÇOIS MAURIAC.

LES DIMANCHES DE JEAN DÉZERT

Définition de Jean Dézert

Des familles plébéiennes je n'ai rien à dire
sinon qu'elles servent seulement à augmenter le
nombre des gens qui vivent.

CERVANTÈS.

Ce jeune homme, appelons-le Jean Dézert.

À moins de le bousculer au passage, vous ne le distingueriez pas de la foule, tant il est vêtu d'incolore. Il porte un faux-col trop large et une cravate quelconque. Les jambes de ses pantalons, ainsi que les manches de ses vestons, se plient d'elles-mêmes aux genoux et aux coudes. Ses pieds tiennent à l'aise dans des chaussures fatiguées.

Que dire de plus pour le dépeindre, sinon que de sa figure longue dont il rase soigneusement les joues, seules ses grandes moustaches étonnent ? On conçoit difficilement leur rôle, voire même leur utilité dans une physionomie d'aspect aussi discret.

La maigreur de Jean Dézert vous explique qu'il n'ait pas servi sous les drapeaux. Il fait, d'ailleurs, fort peu d'exercice physique, étant employé au ministère de l'Encouragement au Bien (Direction du matériel).

Sa vie – peut-être, par la suite, y puisera-t-on d'utiles renseignements – n'offre rien que de très ordinaire, en apparence. Il loge rue du Bac, au cinquième étage, en face du Petit Saint-Thomas – cela sans idée préconçue. Une femme de ménage balaie sa chambre et son vestibule, fait son lit, brosse ses habits, secoue son tapis dans la cour commune de l'immeuble. Elle se nomme Angèle. Elle est veuve.

L'unique originalité de l'appartement consiste dans le peu d'élévation du plafond. Si Jean Dézert montait sur une chaise, il se verrait dans l'obligation de baisser la tête. Mais le désir de tenter cette expérience, comme tant d'autres, ne lui est jamais venu. Des personnes à l'imagination facile se croiraient, chez lui, dans l'entrepont d'un voilier. D'autant qu'une déclivité transversale du plancher – imputable, en vérité, bien plus à la vieillesse de la maison qu'au mouvement de la mer – semblerait confirmer l'hypothèse.

Avec le mobilier, tout rentre, heureusement, dans la normale. Il y a même un tambour de Basque sur la cheminée, et deux vues de la Suisse contre un mur. En outre, s'il s'ennuie chez soi, Jean Dézert peut, depuis sa fenêtre, explorer la rue du Bac jusqu'au boulevard Saint-Germain. La foule, en bas, circule, commerciale et pressée. Les jours d'averses et de boue l'on ne connaît d'elle que la houle monotone de ses parapluies anonymes. Mais, par tous les temps, les voitures de livraison disputent la chaussée aux autres véhicules.

Très avant dans la nuit, Jean Dézert perçoit, à travers son sommeil, le grelot qui tinte et le pauvre trot d'un cheval. Puis éclate la trompe d'une automobile, retour des quartiers où l'on s'amuse tard.

Jean Dézert se lève à huit heures. Il prépare lui-même son café au lait, sur le gaz. À neuf heures précises il se rend à son bureau, rue Vaneau. Ses repas, il les prend distraitement, dans une crémerie. À peine lui arrive-t-il parfois de dîner avec ses collègues, car il n'aime pas la manille ni la politique, et ne sait pas discuter.

Son travail n'occupe guère sa pensée. Il s'agit de compléter des imprimés, de communiquer ou de transmettre, selon le cas, des pièces à d'autres services. Et puis il faut ne pas oublier toute la différence qui existe entre la formule « faire connaître » et celle « faire savoir ».

La fantaisie, ça va bien en dehors des heures de bureau et principalement le dimanche. Le dimanche, c'est toute la vie de Jean Dézert. Il apprécie ce jour que si peu de personnes comprennent. Il ne se fatigue point de parcourir et d'errer le long des grands boulevards. Marié, il pousserait devant soi une voiture d'enfant, tout comme un autre.

Du temps des omnibus, il se plaisait, assis à l'impériale, à suivre les itinéraires depuis le point de départ jusqu'au point terminus. Il a lu ainsi un nombre considérable d'enseignes et médité sur les noms de beaucoup d'industriels.

Tels sont ses amusements. Il a bien le droit de les choisir. Quant à ses passions amoureuses, il en fait grand mystère. Tout au plus avouerait-il qu'à l'aube trouble de sa nubilité il a aimé une institutrice allemande et courtisé une dame de comptoir. Encore (ajoute-t-il par modestie) est-ce le hasard qui a tout fait ; sans la force des circonstances, une dactylographe ou un professeur de piano auraient pu tenir le même rôle dans son existence ordonnée.

Jean Dézert ne parle jamais de sa famille. J'ai su qu'il vit le jour dans une grande ville du Sud-Ouest. Son père occupait l'emploi de sous-directeur de l'usine à gaz. De l'autre côté de la rue, il y avait le cimetière protestant. Il a plu des escarbilles sur une enfance bornée par un horizon de cyprès. Ce renseignement nous serait précieux pour une étude du caractère de Jean Dézert. Du moins nous aiderait-il à comprendre la patience et la résignation de son âme, la modestie de ses désirs et la paresse triste de son imagination. Car, notez-le bien, Jean Dézert n'a jamais fait de long voyage en rêve. Pense-t-il même qu'il existe une étoile où l'on s'aime toujours ?

Ses yeux ne quittent pas la terre, ses regards ne s'élèvent pas au-dessus de ce monde, où, si certains sont acteurs et d'autres spectateurs, lui n'est que figurant. Oh ! ça lui serait égal d'être déguisé en paysan suisse, en gentilhomme huguenot ou en guerrier égyptien ! Il ressemble, en effet, à ces choristes des théâtres d'opéra, qui, tout en songeant à leurs affaires personnelles, ouvrent la bouche en même temps que les autres pour avoir l'air de chanter avec eux. Il exécute tous les gestes nécessaires et ne recule devant aucune concession.

Lorsqu'il pleut, il ouvre un parapluie et retrousse le bas de son pantalon.

Il évite les voitures et ne répond pas aux mots un peu vifs des cochers.

Il salue son concierge et s'informe de sa santé.

Il se mêle aux groupes qui entourent les camelots ou les marchands de chansons.

Il a servi plusieurs fois de témoin dans des accidents de voiture.

Mais, surtout, Jean Dézert a fait sienne une grande vertu : il sait attendre. Toute la semaine, il attend le dimanche. À son ministère, il attend de l'avancement, en attendant la retraite. Une fois retraité, il attendra la mort. Il considère la vie comme une salle d'attente pour voyageurs de troisième classe. Du moment qu'il a pris son billet, il ne lui reste plus, sans bouger davantage, qu'à regarder passer les hommes d'équipe sur le quai. Un employé l'avertira lorsque le convoi partira ; mais il ignore encore vers quelle autre station.

Jean Dézert n'est pas ambitieux. Il a compris que les étoiles sont innombrables. Aussi se borne-t-il, faute de mieux, à compter les réverbères des quais, les soirs d'ennui.

Jean Dézert n'est pas envieux, même de ceux qui détiennent la vérité. Il aurait lieu, pourtant, de jalouser à ce point de vue son ami Léon Duborjal (un cerveau bien équilibré), lauréat de l'École Pigier, qui connaît la sténographie, progresse chaque jour en espéranto, saura saisir la vie par le bon bout, et réussira dans le commerce.

Oui, Jean Dézert est un résigné. Il a fait – sans trop de hâte – le tour de ses domaines et perdu toute illusion sur l'étendue de son jardin, la fertilité de ses massifs et le pittoresque de ses perspectives. Il en prend son parti et lorsqu'il sera las de cracher dans le bassin – pour se distraire – il se promènera, les mains dans les poches, le long des plates-bandes, sans s'occuper du reste et sans penser à mal.

Journées

> En un mot, la nature des choses et l'expérience
> me convainquirent, après de mûres réflexions,
> qu'en ce monde-ci les choses ne sont bonnes, par
> rapport à nous, que suivant l'usage que nous en
> faisons…
>
> Aventures de Robinson Crusoé (chap. XVI).

I

La pluie a commencé, pluie d'automne, sans sursis, définitive. Il pleut partout, sur Paris, sur la banlieue, sur la province. Il pleut dans les rues et dans les squares, sur les fiacres et sur les passants, sur la Seine qui n'en a pas besoin. Des trains quittent les gares et sifflent ; d'autres les remplacent. Des gens partent, des gens reviennent, des gens naissent et des gens meurent. Le nombre d'âmes restera le même. Et voici l'heure de l'apéritif.

On vit, on circule, on se croise sans se connaître dans la lumière des devantures. Des milliers de pieds mélangent la boue de tous les quartiers et la pétrissent pour en faire cette pâte uniforme qu'il faudra brosser demain matin sur les souliers encore humides. Des camelots crient les journaux du soir : *Révolution au Nicaragua, la Bourse, les Premières. Un notaire écrasé à Neuilly. Une usine a fait explosion en Amérique – trois cents victimes.* Mais c'est trop loin.

Jean Dézert ferme son parapluie.

Puis il entre dans sa crémerie, rue du Bac, à deux pas de chez lui. Sur le verre dépoli de la porte, on peut lire :

CHÊNEDOIT
Café, lait, chocolat, œufs à toute heure.
Plat du jour.

À l'intérieur, seules, la lampe suspendue au-dessus du comptoir où préside Mme Chênedoit, en tablier blanc, et celle qui éclaire le fond de la salle, sont allumées. Jean Dézert arrive de bonne heure, à cause de la pluie. Mais Léon Duborjal l'a devancé, à cause de ses projets. Il mange vite et lit les *Nouvelles sportives* dont le papier rose s'étale sur le marbre de la table

— Quoi de nouveau ? demanda Jean Dézert.

— Rien. Si, pourtant... Les courses commencent dimanche, au Vélodrome d'Hiver.

— Ah !

Jean Dézert déplie sa serviette, regarde la carte – pour la forme – et demande deux œufs sur le plat, comme tous les soirs.

— Il y aura aussi le patin à roulettes, ajoute Léon Duborjal.

Léon Duborjal est l'ami de Jean Dézert, parce que tous deux mangent au même endroit depuis près de trois ans. Il est le seul ami de Jean Dézert. Mais on ne les rencontre ensemble qu'au restaurant. Chacun est pour l'autre un accessoire de sa nourriture ; l'un parle, l'autre écoute.

— J'ai touché une prime d'assurance, ce matin. C'était chez un médecin. Il m'a reçu avec ses malades. L'important c'est d'être habillé soigneusement, car il faut que la première impression soit bonne.

Ou bien :

— J'ai fait la connaissance d'un jeune homme. Il a des relations et n'est pas bête du tout. Je l'inviterai un de ces jours à déjeuner sur les Boulevards ; il me servira peut-être un jour.

Ou encore :

— Tu sais, la petite Marcelle ? Je t'en ai déjà parlé, elle travaille rue de la Paix. Eh ! bien, mon vieux, elle va se faire entretenir par un type. C'est trop bête de donner son argent aux femmes. Moi, je n'ai seulement pas le temps de les promener.

— Quel est cet ouvrage ? demande Jean Dézert en désignant une brochure jaune placée à côté de l'assiette de son ami.

— Un nouveau manuel de sténographie, très intelligent. Il contient des exercices amusants et variés ; par exemple ce récit qui peut servir de dictée pour apprendre l'emploi des sons : *i, é, è,* ainsi d'ailleurs que des *ll* mouillées. Je vais t'en lire quelques lignes, tu verras. Il s'agit d'une sainte : *Mais vers midi et demi, saisie et effrayée, elle s'écrie : Qu'il fait clair ici ? Est-ce le jet de l'électricité ! Est-ce le reflet de l'éternité ! Est-ce le délire ! Que de mystères et de perplexités ? Que de merveilles ? l'aile légère des esprits célestes fait vibrer les lyres divines et les vierges des cités mystiques redisent les mille et mille versets des hymnes bénies que ne cessent de répéter les vierges exilées de la terre.* Cela n'a l'air de rien, mais il n'y a pas un seul *o*, ni un seul *u*, ni même un seul *a*, ni même d'autre diphtongue que *ai*. Pourtant c'est bien écrit.

— Évidemment. Et ça marche bien ton travail ?

— J'apprends avec facilité. L'étude me distrait en même temps. Et puis, l'on ne sait jamais ce qui peut arriver. Dans les affaires, il est bon d'avoir plusieurs cordes à son arc.

Léon Duborjal a fini son repas. Il se lève.

— Tu pars ?

— Il le faut. Je vais travailler un instant et me coucher de bonne heure. Je dois me lever tôt demain matin.

— Pourquoi faire ?

— Ma vie.

— Demain ?

— Un peu demain, autant après-demain.

— Ça t'amuse ?

— Cela m'intéresse.

— Au fond, nous sommes pareils l'un et l'autre, se dit Jean Dézert. Seulement, lui, il ne s'en doute pas.

Le café bu, il pleut encore. Où aller ? Jean Dézert rentre chez lui. Il allume sa lampe à pétrole, s'installe devant sa table. En face, à travers les rideaux de la fenêtre, la réclame lumineuse du Petit Saint-Thomas brille et s'éteint, blanche, puis rouge, tel le feu d'un phare à éclipses.

La pendule de l'appartement voisin sonne gravement la demie d'une heure indifférente. Le commandant retraité du quatrième reprend ses exercices au piano, avec un doigt : *Ah ! vous dirai-je, maman ?*

Jean Dézert ouvre l'agenda, doré sur tranches, dont il a fait son livre de raison. À la page : *10 Octobre, Saint Paulin*, il note : *Néant*. Puis il fume une cigarette, n'ayant rien de mieux à faire avant de s'endormir.

II

Lorsqu'on pénètre dans le bureau de Jean Dézert, il convient de remarquer d'abord le grand geste inutile et compliqué auquel se contraint le tuyau du poêle afin d'atteindre dans le mur, au-dessus des cartonniers, l'orifice ménagé pour son passage. Ce poêle n'est point qu'un emblème. Il a son importance, pendant l'hiver. Le garçon, chaque matin, l'allume avec un numéro de *L'Officiel*. Toute la journée, il brûle, silencieux, tandis que s'évapore lentement l'eau tiédie de sa bouillotte en fer étamé. Sa vie intérieure se manifeste autour de lui par une chaleur sourde et surtout par une odeur de coke qui s'ajoute aux relents ordinaires de l'encre, du vieux papier et du tabac.

Outre le poêle, Jean Dézert possède encore un compagnon de travail. À quoi bon le décrire ? On ne le voit jamais. Craignant les courants d'air, à cause de ses rhumatismes, il passe sa vie dissimulé derrière un paravent tendu de papier gris. Il ne révèle sa présence, d'habitude, par aucun autre bruit que le grincement de sa plume, car il a renoncé depuis longtemps à discuter avec son collègue sur la politique extérieure ou les nouveaux armements de l'Allemagne.

Aujourd'hui, Jean Dézert a terminé de bonne heure la tâche imposée à son zèle quotidien. Il lui reste environ quarante-cinq minutes avant de songer à partir. Il regarde la fenêtre grillée qui donne sur la rue Vaneau, luisante et si tranquille entre deux averses. Il regarde le plafond, sale mais indéchiffrable. Il regarde sa table ; tout y est en ordre, sous la lumière du gaz, les cachets comme les grattoirs, le pot de colle comme l'encrier. Sur le buvard une tache d'encre affecte, si l'on veut, la forme d'une tête humaine. Jean Dézert achève la ressemblance en ajoutant une pipe et un chapeau. Cependant une idée lui vient.

— Je vais faire des vers, cela m'occupera.

Il prend une feuille de papier ministre, avec en-tête. Tout au haut, il inscrit en ronde : POÈME.

Il commence :

Quand le soir suspendra son voile aux cartons verts,
Lorsqu'il sera temps d'allumer les becs auërs,
Demain et tous les jours suivants à pareille heure
Mon âme ne sera ni pire ni meilleure...

La voix de son voisin, derrière le paravent, l'interrompt en cet endroit. S'il parle, c'est qu'il y a urgence.

— Dézert ! Me permettez-vous de vous tutoyer une minute ? Eh ! bien, suppose que tu t'appelles Vaneau, comme la rue, et que tu as la gale. Alors je te présente une chaise et je te dis : puisque tu as la gale, Vaneau, place-t-y !

— Quelle imagination ! répond Jean Dézert.

— Ce n'est rien. J'en trouvais bien d'autres au mess des sous-officiers.

Le silence retombe. Puis la porte s'entrouvre. Apparaît, furtif, M. Bênoit, sous-chef. Disons seulement que c'est un être flegmatique, de taille moyenne, les cheveux gris, le teint gris, les manchettes grises, qui s'exprime en traînant les mots et suce toujours quelque chose, un crayon ou un cigare éteint.

— Dézert, avez-vous la note de la Direction des legs, en date du 20 courant ?

— Je vais voir, monsieur.

Par miracle, la note en question se retrouve dans le premier dossier ouvert. M. Bênoit s'en saisit et se retire comme il est venu, sans rien ajouter.

— Ne croyez pas surtout qu'il en avait besoin, reprend la voix derrière le paravent. Il entrait uniquement pour savoir si vous étiez encore là. Je le connais de longue date, moi.

Jean Dézert veut continuer sa poésie fugitive.

Il trouve deux autres vers :

Conscient de mon rôle obscur, jusqu'à la mort,
J'écrirai des projets, des notes, des rapports...

Puis l'inspiration s'arrête court, épuisée. Il n'insiste pas. Ce n'est point dans ses habitudes. Il roule le papier en boule et le jette au panier.

Encore vingt minutes.

Il se souvient d'instants semblables dans la salle d'étude du collège où il apprit la patience.

— J'ai fait du chemin depuis, songe-t-il.

Ô Jean Dézert, combien d'heures employées à fixer un mur vide devant toi ! Combien encore dans l'avenir !...

III

Aux yeux des bouquinistes du quai Voltaire, Jean Dézert passe volontiers pour le jeune homme instruit, qui, vers la fin des après-midi d'été, feuillette sans préférence une grammaire anglaise ou quelque tome dépareillé de l'*Annuaire des longitudes*. Il lui arrive, pourtant, de choisir un roman, parmi tous les livres, et d'en consulter la table des matières.

— Si j'écrivais, songe-t-il alors, je ne composerais que des recueils de contes ou de nouvelles très courtes. Ces auteurs n'ont pas la notion du réel. Ils ne prévoient guère – comme je le ferais à leur place – le sort inévitable de leurs œuvres. Pensent-ils avoir le droit d'exiger du passant, leur lecteur futur, qu'il s'intéresse, debout contre le parapet d'un quai, à suivre une intrigue déroulée en de nombreux chapitres ? Les poètes s'y prennent mieux. Avec eux l'on voit vite où ils veulent en venir. Encore ne le font-ils pas toujours exprès.

Jean Dézert ne s'attarde pas, du reste, à de pareilles réflexions. Que lui importe en définitive ? Il se promène de six à sept heures, pour des raisons d'hygiène, avant son repas du soir. Il longe d'un pas égal les boîtes réservées au sommeil des livres, et s'il observe la ressemblance de ces étalages avec des grèves à marée basse, après une tempête où périrent beaucoup de navires, ce n'est point pour en déduire des conclusions faciles sur la vanité des ambitions humaines. Il constate, et voilà tout. Son rôle ne va jamais plus loin.

On aurait tort de croire, toutefois, qu'il ne tire aucun profit de tels instants passés le long des quais, entre le pont des Saints-Pères et le pont Royal. Car, un jour, il découvrit, sous l'entassement des bouquins à cinq sous, un maigre volume imprimé à Londres au XVIIIe siècle, intitulé : *La Morale de Confucius. Philosophie de la Chine.*

> *« L'ouvrage qu'on donne au public, disait l'avertissement, est assez petit si l'on en regarde le nombre de pages, mais il est fort grand, sans doute, si l'on considère l'importance des choses qui y sont contenues. »*

Il ouvrit au hasard et lut quelques maximes :

> *« Un Magistrat doit honorer son père et sa mère… »*, affirmait la première.
> *« Il y a trois choses que le sage doit révérer : les lois du Ciel, les grands hommes et les paroles des gens de bien »*, énonçait une seconde.

Jean Dézert goûta le sens et l'à-propos de ces conseils. Ils correspondaient, assez exactement, avec les principes directeurs de sa vie morale. Mais la troisième phrase à laquelle il s'arrêta, lui apparut comme la synthèse même de toutes ses conceptions du monde :

« Lorsqu'on ne peut apporter à un mal aucun remède, il est inutile d'en chercher. »

Il n'en fallait pas moins pour qu'il achetât l'ouvrage et le plaçât, chez lui, sur sa table de nuit, entre le bougeoir et le flacon d'eau de fleur d'oranger. Depuis, il ne cesse de s'y référer pour sa gouverne quotidienne.

IV

Parmi beaucoup de feuillets blancs, les agendas où Jean Dézert, comme on l'a vu précédemment, raconte chaque soir ses mémoires, offrent, de loin en loin, quelques pages couvertes d'une écriture régulière (administrative sinon commerciale) et dans le tracé de laquelle les graphologues les plus avertis ne discerneraient aucun des signes qui caractérisent ordinairement la folie ou le génie. Ne serait-ce que pour leur seule valeur documentaire et anecdotique, certaines méritent néanmoins d'être reproduites.

15 novembre 19… – Dimanche.

Mauvais temps, léger rhume.

Au réveil reçu deux lettres : la première, d'un charbonnier, gros et détail, qui m'offre ses services. La seconde, d'un tailleur sur mesure qui fait crédit aux employés d'administration.

Puis j'ai repeint (rouge andrinople) le buffet de la cuisine. Les peintres sont heureux. Ils n'ont pas besoin de trop songer à ce qu'ils font. Et leur travail obtient des résultats immédiats.

À dix heures trente, Angèle est arrivée, pour faire ma chambre ; nous avons causé. Il paraît que sa fille cadette, la manutentionnaire, va épouser un électricien, très sérieux, et qui ne boit pas.

Déjeuner froid. Ensuite, fumé ma pipe. Commencé la lecture du troisième volume des *Incas*, de Marmontel. Bu du thé très chaud, à cause de mon rhume.

Entre quatre et cinq heures, trois chevaux de fiacre, dont un blanc, ont glissé sur la chaussée humide, devant la maison. Aucun n'a eu de mal.

Vers six heures et quart, on sonne à ma porte. Une jeune femme distinguée, vêtue de deuil, demande M. Moreau, l'avocat stagiaire. C'est l'étage au-dessous. Moi, je suis Jean Dézert. Qui viendrait me voir ?

À sept heures, dîner habituel, à la crémerie Chênedoit ; Léon Duborjal est en jaquette. Il a coupé sa moustache ; le chic américain lui servira, dit-il. Il porte maintenant une nouvelle breloque, une médaille de cuivre qui date de l'Exposition universelle de 1889. En exergue ces mots sont écrits : « *Souvenir de ma première ascension au sommet de la tour Eiffel.* » L'objet lui vient, par héritage, d'un oncle percepteur à Poitiers, qui, comme lui, aimait la science et le progrès.

Après dîner, Léon Duborjal me dit : « Le dimanche soir, on ne se couche pas comme ça. Viens faire un tour. » Nous partons. Place de la République, nous entrons boire un lait chaud à la Merveille des Mers. Dans ce café, un bateau (avec des voiles) tient lieu de comptoir. Les murs sont tapissés de coquilles d'huîtres, pour représenter le fond de l'océan. C'est très original et fort bien imité. Léon Duborjal affirme qu'il aimerait être officier à bord d'un sous-marin. Cela ne m'étonne pas de lui. Ses goûts sont universels. Rentré à onze heures. Voici minuit. Je me couche.

Ce livre de bord ne contient, parfois, que de simples notes, telles que les suivantes :

30 janvier 19...

Mon collègue Dubois se trouve compris dans la présente promotion des palmes académiques. Le chef de bureau lui adressera devant nous tous, dans son cabinet, une petite allocution. Bien que je ne ressente aucune jalousie, je me rappelle à propos cette parole de Confucius :

> *« Ne t'afflige point de ce que tu n'es pas élevé aux grandeurs et aux dignités publiques ; gémis plutôt de ce que, peut-être, tu n'es pas digne d'y être élevé. »*

8 février 19…

Patience des pluies d'hiver, vous ne viendrez pas à bout de me faire sortir de moi-même.

5 mai. – Dimanche.

Élections municipales. J'ai voté dans une école.

14 juillet.

Il y avait des drapeaux sur Notre-Dame, et des fanfares aux carrefours. Mais je ne sais pas danser…

Ainsi de suite. Si Jean Dézert était un pantin, je dirais qu'il lui manque plusieurs ficelles, car, en vérité, le Maître de nos Destinées semble toujours tirer sur la même.

V

Jean Dézert – autant par politesse que par simple distraction – ne refuse jamais les prospectus que lui tendent, sur le trottoir, des vieux messieurs déchus, prodigues et mal vêtus. Il les prend tous et les glisse dans une poche. De retour à domicile, il les retrouve en cherchant son mouchoir ; alors, il les défroisse, les compte et les classe, mais ne conserve par-devers soi que les plus intéressants.

Un samedi soir, en consultant son dossier avant de se coucher, il comprit que pour employer sa journée de dimanche d'une façon à la fois ingénieuse et instructive, il lui suffirait de suivre les conseils prodigués sur quelques-unes de ces feuilles gratuites. Le lendemain, le timbre nickelé de son réveil le fit sursauter plus tôt que de coutume. Il sortit du lit, passa ses pantoufles, ouvrit les volets de la fenêtre et procéda rapidement à sa toilette en fredonnant, devant son lavabo, ce refrain dont, sans y prêter d'autre sens, il répète de longue date les paroles et pour lequel il invente chaque jour un air nouveau en harmonie avec l'état de ses sentiments :

> À la Monaco,
> L'on chasse et l'on déchasse,
> À la Monaco,
> L'on chasse comme il faut.

Puis il descendit dans la rue et se dirigea vers le quartier Latin. C'était un de ces jours – on en voit beaucoup dans l'année – pendant lesquels l'aiguille du baromètre reste invariablement fixée sur le mot « variable ». C'était, néanmoins, un beau jour – un dimanche, pour tout dire.

Le hasard avait distribué déjà quelques passants le long du boulevard Saint-Michel qui sentait la poussière froide du matin. Certains (le temps des cerises approchant) se hâtaient vers les campagnes où l'on déjeune sur l'herbe. Plusieurs rentraient chez eux, avec, dans la bouche, encore, le souvenir du tabac, du vin et des autres plaisirs de leur nuit. Nous ne parlons pas, bien entendu, de ceux qui n'allaient nulle part, ni de ceux qui attendaient le tramway Montrouge-Gare de l'Est, ni du balayeur qui arrosait la chaussée, ni du gardien de la paix qui regardait faire. Près d'un kiosque de journaux, une vieille femme vendait des fleurs, comme les fous vendent la sagesse. Jean Dézert, dans son panier, choisit deux brins de muguet – les premiers de la saison – qu'il mit à sa boutonnière, pour bien se prouver à soi-même qu'il croyait au printemps. D'ailleurs, puisqu'il s'était accordé une journée entière de distractions, il ne regardait pas à la dépense. Mais il convenait de procéder avec ordre. Le premier prospectus portait cette indication :

AUX PISCINES D'ORIENT
Bains chauds pour les deux sexes.
À toute heure.
Confort moderne.
Massage par les aveugles.

L'adresse était rue Monge. Il n'y avait pas lieu d'hésiter.

Depuis sa porte de style byzantin jusqu'aux banquettes en velours rouge de son hall, l'établissement semblait, à première vue, devoir tenir ses promesses de confort. Une demoiselle, respectable à tous égards et qui portait, pour plus de garantie encore, un lorgnon d'écaille, remit à

Jean Dézert un jeton métallique, en le priant de vouloir bien attendre. Son tour vint enfin, lorsqu'il eut laissé passer plusieurs personnes de conditions et d'âges divers, mais qu'un même et matinal désir de propreté dominicale avait réunies en ces lieux avant lui. Un garçon aux bras nus de légionnaire romain l'introduisit dans la cabine, où fumait une baignoire, sous la double cascade de ses robinets en cuivre. Jean Dézert apprit alors que le masseur ordinairement attaché à la maison s'occupait en ville le dimanche. Il accepta ce contretemps avec sa philosophie ordinaire.

« Encore un mystère que je n'éclaircirai pas de sitôt », pensa-t-il, étirant, parmi la tiédeur et sous la transparence de l'eau, son maigre corps, allégé d'une partie notable de sa pesanteur terrestre.

« Être massé ou non, même par un aveugle, malgré ce qu'un pareil raffinement suppose de profondément décadence latine, que m'importe en vérité ? Mais il est un point que j'eusse aimé voir mettre en lumière. La destinée de ce spécialiste cité au pluriel sur le prospectus (encore une exigence de la réclame actuelle) excite vivement mon intérêt. Sa cécité fut-elle un obstacle à sa carrière ? A-t-il dû lutter contre l'infériorité qu'elle lui causait pour parvenir à la maîtrise en son état ? Ne serait-ce pas au contraire (et je crois que me voici dans le vrai) cette infériorité qui aurait déterminé sa vocation en lui créant des aptitudes particulières ? Les aveugles, dit-on, possèdent un toucher remarquable. Aussi bien, a-t-on peut-être privé ce pauvre homme de la vue, selon le procédé dont usent les oiseleurs vis-à-vis des pinsons afin de les encourager à chanter. Et ressemble-t-il, enfin, à l'image que je me suis faite de l'accordeur célèbre dont parle M. Marcel Prévost ? Voilà tout ce que je désirais savoir. »

Jean Dézert aurait pu, sans doute, interroger le garçon lorsque ce dernier vint, docile au coup de sonnette, lui offrir un peignoir chaud. Mais il lui convint de demeurer dans le doute et de réserver ainsi pour ses loisirs futurs quelque matière à réflexion.

Séché, puis rhabillé, comme il lui restait suffisamment de temps avant l'heure du déjeuner, il prit le parti de gagner à pied le « *lavatory rationnel, coupe 50 centimes, barbe 25 centimes, soins antiseptiques* », de la rue du Faubourg-Montmartre, qui constituait le nº 2 de son programme.

Là, il eut l'avantage d'être reçu par le patron lui-même, toulousain d'origine, ténor à ses moments perdus, et d'une physionomie si classique vraiment, qu'elle ne pouvait que séduire un esprit amoureux d'ordre et de tradition.

— Monsieur, dit le coiffeur à sa nouvelle pratique, en lui offrant un siège, c'est sans doute pour les cheveux ? quelle coupe désirez-vous ?

— La même, répondit Jean Dézert. (Il voulait éviter d'avoir à faire un choix.) Ou bien comme vous voudrez.

— Nous tenons, avant tout, à satisfaire le client. Mais encore faut-il qu'il se rende compte lui-même de ce qui lui sied. Permettez-moi donc de vous indiquer les diverses manières dont je puis vous coiffer. Voici d'abord une photographie du boxeur Carpentier. Vous voyez, la raie au milieu, court sur les côtés. C'est très sportif, très à la mode, très demandé, surtout chez les jeunes gens. Je ne vous conseille guère ce genre, néanmoins. Il faudrait, d'abord, que vous consentiez à faire raser votre moustache. Et puis cela ne vous irait pas, vos maxillaires ne sont pas assez développés, votre menton pas assez énergique… Oui, je suis très physionomiste.

« Ce portrait est celui de l'acteur André Brulé dans *L'Enfant de l'Amour*. La raie sur le côté, les cheveux bouffant légèrement au-dessus des oreilles. Une telle coupe demande à être exécutée avec soin. Ajoutons qu'elle plaît aux dames en général. Je ne vous la conseille pas non plus, vu la rigidité de vos cheveux. On connaît mal le rôle des coiffeurs, monsieur. J'ose dire que mon art obtiendrait des résultats plus intéressants si le client s'y prêtait davantage.

« Naturellement, je me mets à votre disposition pour réaliser sur vous tel genre qui vous plaira : à l'artiste, à la Capoul, à la Paulus, à la Mayol, à la Rostand – ou même les cheveux en brosse. Cette dernière façon agrandirait votre front et ne messiérait pas à la forme de votre crâne, un peu plat dans le haut, n'est-ce pas ? Mais si, désireux de vous écarter de la routine, vous préférez quelque chose de plus neuf et de plus personnel…

— Monsieur, coupez-moi les cheveux ras.

— Très bien. Alors, nous disons : à la Charles Baudelaire ! commanda le maître coiffeur en désignant à l'empressement d'un garçon Jean Dézert qui se laissa faire, content que l'on s'occupât de lui sans qu'il eût à songer à quoi que ce fût.

L'opération touchait à peine à son terme, qu'il comprit la faute qu'il avait commise en se décidant trop vite dans un but évident de transaction. Les cheveux ras, il était hideux dans la glace. Mais sa montre d'acier bronzé marquait 11 h 10. Et il devait déjeuner au « restaurant végétarien, antialcoolique, spécialités hygiéniques – appareils et ustensiles pour l'économie culinaire – sous-vêtements poreux », vers le bout de la rue de Vaugirard.

— Ce n'est pas tous les jours fête. Je suis dans Paris rien que pour flâner, loin de mes cartons verts ; j'ai décidé néanmoins de flâner avec méthode et de ne point m'écarter de mon emploi du temps. En marchant bien, j'arriverai au bon moment.

Il prit des rues, des rues et des rues. Midis des dimanches. La ville est morte. On déjeune chez ses beaux-parents, avant la promenade au bois. L'on ne regarde pas la pendule, même dans les bouillons à 1 fr. 25.

Une femme, vêtue ainsi qu'une infirmière, tendit la carte à Jean Dézert. Des mets aux noms inconnus y étaient inscrits en petits caractères. Ils devaient contenir dans ces bocaux, placés autour des murs sur des étagères. Comme l'exercice lui avait ouvert l'appétit, il choisit au hasard une nutto-crème d'arachides, un protose aux pignons de pin, une nuttolène, un fibrose, des germes de soja et un banana butter.

Mais c'était beaucoup plus compliqué. La servante lui fit remarquer qu'au verso du menu se trouvait un barème indiquant le nombre de calories que devait absorber un adulte suivant son poids et le nombre de calories contenues dans chaque plat. « Je suis à Laputa », pensa Jean Dézert, qui avait reçu un volume expurgé de Swift pour prix d'encouragement en quatrième. Il tira donc un carnet et un crayon de la poche intérieure de son veston. Le total de la première addition dépassait d'environ mille cinq cents calories le chiffre désiré. Il fallut soustraire le dessert, une entrée et un légume, puis rajouter des radis. Il se trompa, recommença, tomba juste enfin. L'infirmière emporta la commande dans une cuisine qui s'ouvrait comme un placard dans le fond de la salle.

Le restaurant s'emplissait peu à peu de jeunes filles russes, de Danois aux cheveux pâles, de personnes âgées et mal définissables. Mais il y régnait le plus profond silence. À la table voisine de celle de Jean Dézert, un homme remarquable par sa longue barbe et ses joues creuses coupait en fines lanières un pain rond placé devant lui. Jean Dézert lui demanda la salière, pour ses radis. Il se hasarda même, le voyant si triste, à lui poser quelques questions :

— Vous ne mangez que du pain, monsieur ?

— Du pain complet. Il n'est bon qu'ici.

— C'est un régime ?

— Oui et non. À vrai dire, c'est la seule nourriture possible pour un homme sensé. J'ai essayé de tout. Pendant trois mois, j'ai mangé environ soixante bananes par jour. Ma pensée s'alourdissait ; je me suis mis au pain.

— Vous vous en trouvez bien ?

— Je suis devenu très doux.

Jean Dézert n'estima pas, en somme, avoir à se plaindre de son repas qui lui parut même, malgré les termes employés pour désigner les choses, d'une digestion facile. Il but, pour finir, une tasse de café *décaféiné*, sans trop s'y attarder toutefois, car, par mesure d'hygiène, on ne fumait pas dans l'établissement.

Dès lors, l'après-midi commença. Elle ne devait pas être moins bien remplie que la matinée.

Une nouvelle promenade, mais cette fois parmi la marée montante de la foule, conduisit Jean Dézert par le boulevard Sébastopol. C'est en effet à l'angle de cette artère et de la rue Réaumur que Mme Thérésa de Haarlem, sujet sensitif d'une clairvoyance extraordinaire, reçoit tous les jours, de neuf heures du matin à huit heures du soir, afin de donner de sages conseils et de précieux renseignements sur mariages, héritages, affections, maladies, élevages, procès, pertes, entreprises, affaires de commerce, de bourse et de fatalité. Elle ramène également les amitiés perdues. Une plaque émaillée l'affirme du moins, vissée contre la porte à laquelle Jean Dézert vint frapper, après l'ascension des quatre étages réglementaires au-dessus de l'entresol.

Mme Thérésa de Haarlem, vous avez répandu beaucoup de bien dans votre quartier. Quelque question que l'on vous ait posée, de mémoire d'homme, vous avez toujours laissé un peu d'espoir.

Jean Dézert s'assit devant une table modeste, recouverte d'un tapis vert. La chambre était meublée sans trop de recherche de merveilleux. Des photographies, des diplômes, des médailles et des attestations sous verre en imposent plus aujourd'hui que la traditionnelle poule noire. L'esprit scientifique gagne les masses, de jour en jour. Quant à la devineresse, d'aspect plus méridional que hollandais, le dernier éclat de son arrière-saison permettait de supposer qu'elle n'avait pas toujours poursuivi la connaissance du cœur humain dans la quotidienne et mystérieuse pratique des tarots. Jean Dézert ne se risqua pas à réclamer le grand jeu et la précision de ses révélations. Le futur ne l'intéressait guère. On n'avait pas bien long à lui apprendre sur son passé.

— J'ai mal compris la vie, jusqu'ici, se dit-il pourtant, en considérant les cartes éployées en éventail sur le tapis vert. Jeune homme brun, vieillard riche, le facteur, un voyage, héritage. Le dix et l'as de pique, qui sont la maladie et la mort. Que de choses se trament autour de moi dont je n'ai pas conscience ! Pourvu que tout cela ne me coûte pas plus de quarante sous.

Il ne s'en alla point sans être prévenu d'avoir à se méfier, dans l'avenir, d'une femme aux cheveux noirs, bien qu'une jeune fille blonde s'intéressât à lui. D'ailleurs, un oncle devait lui écrire sous peu, apprit-il.

Ajoutons que toutes les réussites donnèrent les meilleurs résultats. Mais il avait négligé de former un vœu auparavant, contrairement à ce qui lui était prescrit par l'extatique unique au monde.

En redescendant l'escalier, il se rendit compte que la fatigue commençait à le gagner. Il avait beaucoup voyagé, depuis le matin, pour un sédentaire. Une ouverture du métro se trouvait toute proche. Il se laissa porter jusqu'à Montparnasse sur la ligne Clignancourt-Porte d'Orléans.

La salle du cinéma de la rue de la Gaîté qu'une feuille imprimée lui recommandait, tant au point de vue de la nouveauté du spectacle que de sa durée (Deux heures d'émotion inoubliable !

Les personnes qui n'ont pas assisté au début d'une séance peuvent attendre la suivante), avait déjà son plein d'un public mêlé d'ouvriers, de filles et de tout petits commerçants, lorsqu'il y entra. Il ne restait de place que sur les galeries de pourtour. Encore fallait-il se tenir debout et se pencher beaucoup en avant pour apercevoir quelque chose. Il se contenta donc d'écouter le piano de l'orchestre et de lire, pendant les intervalles de clarté, les explications du programme, jusqu'au moment où des vides s'étant produits le long des banquettes, lors d'un entracte, il put se glisser en un endroit plus confortable. La scène qui se déroulait ensuite sur l'écran était morale et attendrissante. Il s'agissait d'un chien, qui, à chaque anniversaire du décès de son maître, apportait une fleur sur sa tombe abandonnée. La majorité du public paraissait plus touchée par le caractère émouvant du sujet que lassée par sa monotonie. Mais l'on pouvait déduire de petits rires entendus dans l'ombre que certains spectateurs superficiels faisaient un usage équivoque de l'obscurité.

Fut-ce le bain chaud matinal, fut-ce le repas antialcoolique ? Jean Dézert s'endormit. Quand il se réveilla, des cow-boys se battaient contre des Peaux-Rouges. Toute la salle avait pris le parti des cow-boys, dont l'un, à juste titre, désirait recouvrer sa fiancée ravie par un chef sioux. Il était déjà cinq heures du soir. Le temps passe vite lorsqu'on s'amuse. Jean Dézert quitta le spectacle et retourna dans la rue.

Il acheta *La Patrie* et lut l'article de Rochefort.

Il but un café-crème sur le zinc d'un bar populaire afin de se donner du cœur. Puis il fut de nouveau sur les Boulevards et s'arrêta devant l'hôtel rouge du *Matin* pour consulter les dernières dépêches. À sept heures, il dînait au champagne (2 fr. 75, pain à discrétion) aux environs de la barrière du Trône, dans un restaurant qui venait de s'installer et faisait de la réclame.

Un dernier prospectus demeurait au fond de sa poche :

PHARMACIE DU NORD
Près la Gare du Nord

Ne confondez pas, personne n'a notre expérience ni nos remèdes. Il n'y a qu'une Pharmacie du Nord, nous disons du Nord. (Tous les dimanches soir, à neuf heures, conférence gratuite sur l'hygiène sexuelle, agrémentée d'auditions musicales.)

C'était bien ce qu'il fallait pour terminer la soirée. La conférence avait lieu dans la boutique où des chaises se trouvaient rangées. On avait placé le phonographe sur le comptoir. L'auditoire se composait de deux gardes municipaux, d'une veuve et de sa fille, d'un employé de commerce et de plusieurs de ces vieillards que l'on rencontre également aux cours publics du Collège de France.

Le pharmacien ne s'en adressait pas moins aux classes laborieuses. Il dépeignait les ravages que produisent certains maux dans l'organisme des travailleurs – et les divers moyens de les éviter. Il insistait sur les précautions à prendre. Un élève s'occupait du gramophone et lâchait le déclic chaque fois que l'orateur s'interrompait pour boire un verre d'eau.

Vers onze heures, quand le sujet fut épuisé, l'assistance se dispersa. Les deux gardes municipaux partirent les derniers. Ils prirent à part le philanthrope et firent emplette de deux petits flacons.

Comme il descendait à la station Saint-Germain-des-Prés, une femme posa la main sur le bras de Jean Dézert. Elle était peu jolie et boitait légèrement.

— Viens avec moi, dit-elle, j'habite tout près.

— Je ne saurais, lui répondit-il. La chose n'est pas prévue sur mon emploi du temps. D'ailleurs, il ne me reste pour mes plaisirs de la semaine que deux pièces d'argent qui n'ont plus cours, une Suisse assise, un Napoléon III sans lauriers…

— Va donc, purée ! murmura la femme. Mets-toi une plume au derrière ; tu feras un bel oiseau !

— Des ailes !… mais à quoi bon ? se demanda Jean Dézert.

Il rentra dans sa demeure et se mit au lit, très las. Pourtant il n'oublia point de remonter son réveil.

VI

Telle passait la vie. Il fallut que Jean Dézert fît la connaissance d'Elvire Barrochet.

L'aventure

Ces jeunes filles fallacieuses nous firent faire une route bien étrange ; il faut ajouter qu'il pleuvait.

GÉRARD DE NERVAL *(Angélique).*

I

Ce fut au Jardin des Plantes que Jean Dézert connut Elvire Barrochet. Il aurait pu, aussi bien, la rencontrer ailleurs. Mais l'histoire ne serait plus la même.

Il se promenait donc dans ce lieu mélancolique, un dimanche matin, comme de juste. Il avait considéré les fauves dans leurs cages, puis distribué du pain de seigle aux éléphants. Maintenant il regardait les otaries. L'une, érigée sur les rochers de son promontoire, se tenait immobile auprès de la nymphe de bronze qui lutine, en cet endroit, un dauphin du même métal. L'autre (c'était le mâle) essayait de plaire à sa compagne indifférente par le déploiement insolite de toute son agilité d'amphibie polaire, en pure perte sans nul doute.

Jean Dézert se demandait si les sirènes – après tout – n'étaient pas des otaries, lorsqu'Elvire, vêtue de bleu nattier, le croisa dans l'allée. Quoiqu'il n'observât guère les passantes, en temps ordinaire, celle-ci retint son attention. Elle se hâtait, évidemment, mais vers aucune destination très précise. Elle gardait, sur son visage, l'air attentif des petites filles qui ne pensent à rien. C'était presque une petite fille, qui se chantait à soi-même n'importe quoi, en souriant des yeux et en baissant un peu la tête. Une mèche folle, ni tout à fait blonde ni tout à fait rousse (frisait-elle naturellement ?), s'échappait de dessous son chapeau cloche où dansait une rose blanche. Sa marche semblait un jeu plutôt qu'une façon pratique d'aller d'un endroit dans un autre. On devinait en outre qu'il en aurait fallu beaucoup pour l'étonner, mais peu pour la distraire.

— Voilà bien encore une autre histoire, pensa Jean Dézert en suivant Elvire. Qui est-elle et que dois-je préjuger de ce hasard ? A-t-on jamais sondé l'univers folâtre contenu dans une tête d'apparence aussi ingénue ? Mais quel guide devant mon ennui, que le balancement de ces hanches de femme ! Tout cela élargit ma manière de voir et détourne mes idées de leur cours habituel, en leur ouvrant des aperçus nouveaux. Je vais toujours lui expliquer que je suis Jean Dézert. Elle en retiendra ce qu'elle voudra ; et je ne m'engage à rien.

Justement, Elvire, après plusieurs détours, s'arrêtait devant la fosse des ours blancs. Elle se courba sur la barre d'appui et, penchée au-dessus des plantigrades, commença de répandre sur le plus redoutable quelques miettes de biscuits retrouvées, parmi beaucoup d'autres objets, au fond de son sac à main. Le grand ours, correct mais plein de bonhomie, se dandinait lentement en fixant sur sa donatrice, de bas en haut, ses petits yeux rouges, dans l'attente d'un moins frivole hors-d'œuvre.

— À tout prendre, dit alors Jean Dézert, afin de lier conversation, les ours blancs des neiges sont moins féroces que l'ours gris des montagnes Rocheuses et, certes, moins dangereux que l'orang-outang de Bornéo.

— Tiens ! vous êtes explorateur ? demanda Elvire, en tournant vers lui son visage éphémère, sans plus de surprise ni d'embarras, et avec l'air de continuer une conversation.

— Non, mademoiselle, ou plutôt ce n'est qu'une apparence. Voyez-vous, je suis fonctionnaire et j'ai beaucoup de lecture.

— Moi aussi… Mais dites-moi, ça n'arrive donc jamais que ces bêtes grimpent jusqu'au plus haut ?

— Je ne pense guère. J'ai remarqué toutefois une scène de ce genre sur un supplément du *Petit Journal*.

— Oh ! moi j'aime tant les animaux ! reprit Elvire en descendant les deux degrés de pierre qui entourent les fosses. Ce disant, elle rejetait en arrière son chapeau cloche qui lui était tombé sur les yeux.

Ils marchèrent un moment, côte à côte, sans parler. Jean Dézert cherchait une phrase. Une colombe s'envola d'un tilleul de Hollande. On entendit le sifflet d'un train, du côté de la gare d'Austerlitz.

— Un papillon ! s'écria Elvire en apercevant un insecte sur sa manche.

— C'est une mite, dit Jean Dézert. (Nous savons déjà qu'il n'a pas d'imagination.)

Ils se trouvèrent ainsi devant la cage des oiseaux de mer. Il y en a là près de mille, sous un grillage. On leur a ménagé une petite mare, puisqu'ils aiment l'eau. Mais les mouettes ne s'arrêtent pas de voler, avec leur cri de trompette d'enfant, bien décourageant.

— Où iraient-ils si on leur ouvrait ?

— Oh ! pas très loin. Lorsqu'on a pris l'habitude de tourner en rond, croyez-moi, c'est pour la vie. J'en sais quelque chose.

Décidément, Jean Dézert ne possède pas le moins du monde l'art d'émailler sa conversation de tous ces riens charmants qui plaisent tant aux femmes.

— Tenez ! celui-là, tout blanc, comme il est beau ! J'ai eu le même sur un chapeau de velours.

C'en est trop, Jean Dézert prend un parti héroïque :

— Ce chapeau, vous l'aviez fait vous-même, n'est-ce pas, un dimanche, chez vous ? Car je le sens, vous êtes modiste, autant qu'adorable.

— Non, monsieur. Je ne travaille pas. Papa est négociant. J'entrerai l'année prochaine au Conservatoire, pour le piano.

— C'est bien ce que je voulais dire. Et vous avez dix-huit ans, comme j'en ai vingt-sept ? Votre front m'arrive juste à l'épaule, de sorte que je distingue mal votre figure. Ce n'est pas votre faute ; j'ai grandi très vite. Vous avez d'ailleurs raison d'aimer les oiseaux ; c'est aussi ce que l'on appelle avoir un bon cœur. Je vous en prie, regardez-moi et dites-moi votre nom, ce sera plus commode.

— Elvire…

— C'est cela, Elvire… je vous comprends mieux, maintenant. Donnez-moi le bras, voulez-vous ? Nous irons voir les alligators.

Elvire jette un coup d'œil autour d'elle. Il n'y a personne de sa famille, dans l'allée. Elle prend le bras de Jean Dézert et se met à rire.

— Je suis bien imprudente de m'être laissé aborder par vous. Je vous jure que ce n'est pas mon habitude.

— Attendez donc, vous ne m'avez pas tout dit. Que faîtes-vous ici, tellement imprévue ce matin, au lieu d'étudier votre piano ?

— Je déjeune chez mon amie Berthe. Alors je suis venue en me promenant. Je ne fais que traverser le Jardin. Pourvu que je me trouve à midi, rue de Poissy…

— Il est midi vingt.

— Cela ne fait rien ; j'arrive toujours en retard.

— Alors, poussons jusqu'aux alligators.

— Je ne sais pas si je peux. J'ai encore une commission avant déjeuner… Il vaut mieux que je vous quitte.

— Eh bien, au revoir, Elvire. Voici ma carte. Écrivez-moi quand vous serez reçue au Conservatoire, l'année prochaine.

— Au revoir, monsieur. Tiens ! vous vous appelez Jean ? Il y en a beaucoup, mais c'est joli quand même. Et puis vous avez l'air distingué. Je m'échappe, je n'ai que le temps.

Jean Dézert regarde Elvire s'éloigner. Un lacet de son soulier est défait. Elle tombera, peut-être, sous une voiture. Mon Dieu que cette enfant est paradoxale ! La voilà qui s'arrête devant les singes. Enfin elle disparaît.

Et Jean Dézert s'en va tout seul contempler les alligators, qui, dans leurs cuvettes de ciment pleines d'eau tiède, rêvent à des jambes luisantes de jeunes négresses, passant un gué au clair de lune.

II

Les gouttes d'eau battaient les vitres, s'y écrasaient, puis retombaient en cascades innocentes sur l'entablement de la fenêtre. Jean Dézert fumait la pipe. Il attendait la fin de l'orage sans posséder toutefois de raison particulière pour désirer le voir finir.

Incidemment, vibra la sonnette du vestibule, comme un cri de la conscience dans la torpeur d'une âme.

— Encore quelqu'un qui se trompe, pensa Jean Dézert. Faut-il ouvrir ?

Le timbre résonna de nouveau, deux ou trois fois, par petits coups rapides. Une pareille manière de s'exprimer témoignait chez lui d'une fantaisie inaccoutumée. Elle présageait aussi beaucoup d'inconnu.

Jean Dézert posa sa pipe.

— Ce n'est pas ici, annonça-t-il, en toute hypothèse, dès qu'il eut entrebâillé la porte.

— Tiens, comme c'est drôle ! Vous ne me remettez pas ?

Et, sous un grand chapeau de dimanche aux ailes mouillées, riait Elvire, Elvire du Jardin des Plantes, hors de son cadre exotique.

— Qui l'aurait cru ! dit Jean Dézert. Les événements se précipitent. Entrez, Elvire ; et racontez-moi tout.

— C'est bien téméraire de ma part. Seulement je vais vous expliquer. Imaginez-vous, j'ai laissé mon parapluie chez mon amie Louise ; je n'en fais jamais d'autres ! Alors je m'abritais en bas, par hasard, sous la tente d'un café, quand je me suis rappelé votre numéro. Je suis montée vous rendre visite. Je ne vous dérange pas, au moins ?

Elvire s'installe dans l'unique et sévère fauteuil de la pièce. Elle est là, comme chez soi, bien assise, pas étonnée. Rien ne se révèle dans le néant bleu ciel de son regard limpide. Jean Dézert cherche à comprendre.

« Une femme », songe-t-il ; « l'essentiel et l'accessoire. Mais que conclure ? »

— Ainsi viendra l'éclaircie. Oh ! je n'avais pas remarqué votre plafond. Il est bas de cerveau, comme on dit. N'importe, la vue me plaît. Vous donnez au levant ? Si je n'étais que vous, j'aurais des fleurs sur la fenêtre.

— Vos plumes, imprudente Elvire, dans quel état !

— Bah ! je les ferai mettre en pleureuses. Je connais quelqu'un. Pourtant, si vous permettez, j'enlèverai mon chapeau. Ça n'a pas d'importance, n'est-ce pas ? Vous me garantissez que vous serez convenable ?

Elle lisse ses cheveux, debout devant la glace de la cheminée. Une grande épingle gît sur le plancher.

— Oui, sois sans crainte, je resterai convenable, pense Jean Dézert. Ces histoires (je le présume) sont par trop irrémédiablement tristes. Je sais ; tu as des jarretelles roses. Et tu pleurerais, assise au bord du lit, tes pauvres bas retombés sur tes chaussures. « Je t'épouserai », dirais-je, et ton père le négociant n'y verrait point d'obstacle, puisque je suis fonctionnaire.

— Je ne croyais point vous troubler à ce point, s'écrie Elvire, qui interprète le silence.

— Voilà, je vous trouve grandie. Vous avez pris vos talons hauts.

— J'avoue que j'étais un peu en négligé, l'autre jour. Que voulez-vous, le matin… D'habitude, je ne sors jamais seule. Papa ne permettrait pas. C'est la seconde fois, aujourd'hui. Si on me laissait, je serais toujours par monts et par vaux.

— Que dirait monsieur votre père, s'il vous savait ici ?

— Il ne saura pas. D'ailleurs, je n'en fais qu'à ma tête. Je suis une enfant gâtée. J'ai perdu ma mère si jeune !

Elle fouille dans son sac à main. Elle en retire un bâton de rouge, tout neuf, et le passe sur ses lèvres puériles.

— Dites, ça me va bien ? J'ai acheté du noir, aussi. Mais je ne saurais pas l'effacer avant de rentrer. Tandis que le rouge, je n'aurais qu'à le lécher, puis à frotter avec mon mouchoir.

— Où alliez-vous, avant la pluie ?

— Nulle part ; pourtant j'aurais bien pris le bateau jusqu'à Saint-Cloud. Il faudra que vous me fassiez promener, une fois. Je voudrais voir les courses… Décidément, j'y réfléchis, ce n'est pas trop mal, votre intérieur. Vous avez beaucoup de livres. Ils ont l'air ennuyeux.

— Quelques manuels, des dictionnaires. Si vous vouliez, je vous expliquerais la page des drapeaux coloriés dans le *Petit Larousse*.

— Oh ! moi, j'aime tant la lecture ! Sur ma commode, j'ai réuni une bibliothèque selon mon idée : *La Case de l'oncle Tom*, *L'Ingénue*, *Les Misérables*, *Aphrodite* et *L'Histoire d'une bouchée de pain*, par M. Macé.

— Vous développez vos connaissances ?

— Je ne comprends pas tout, mais c'est souvent quand je comprends le moins que l'histoire m'intéresse le plus.

Un instant, Elvire, le nez en l'air, semble suivre une idée.

— Changeons de conversation, reprend-elle. Je vous étonne, avouez-le ? Je ne suis pas une jeune fille comme les autres. Aucune de mes amies qui préparent le Conservatoire n'aurait osé venir toute seule, ainsi, chez un jeune homme. Qu'en pensez-vous ?

— Mon Dieu, je n'ai guère étudié la question.

Nouveau silence. On n'entend plus la pluie contre les vitres.

— Vous aimez la musique ? demande Elvire.

— Quelquefois.

À la Monaco,
L'on chasse et l'on déchasse,
À la Monaco,
L'on chasse comme il faut.

— C'est une chanson ?

— C'est ma chanson, Elvire. Je n'en sais point de plus monotone. Et surtout, elle ne veut rien dire. Toutefois, pour que vous lui trouviez un sens, je consentirai à en modifier les paroles :

> À la Monaco,
> L'on chasse la bécasse,
> À la Monaco,
> L'on chasse le perdreau.

— Moi aussi, j'ai des chansons. Il y en a une que je chante, quand je suis triste. Quand je l'ai chantée je suis encore plus triste. Mais alors, c'est une tristesse poétique.

> Je connais, depuis l'automne,
> Un baby des plus charmants,
> Dont la sœur, pauvre mignonne,
> Est poitrinaire à quinze ans...

« Sentez-vous bien cela ? Je ne crois pas, car, au fond, vous ne me semblez pas un artiste. Vous avez, en échange, d'autres qualités ; ainsi vous êtes intelligent. Avec vous l'on peut causer de tout. Tandis que mes amies, une fois qu'elles ont parlé chiffons, c'est fini. La vie n'est pas toujours drôle pour moi, je vous jure. Enfin, je reviendrai. Nous discuterons de nouveau. Il y a tant de choses intéressantes. C'est entendu ; nous ferons aussi une promenade.

Elvire a remis son chapeau.

— Au revoir, monsieur. Vraiment, j'ai peur de vous avoir dérangé.

— On ne me dérange jamais, Elvire. Vous, moins que tout autre. Au revoir. Il fait beau, maintenant ; cependant, prenez garde. Qui sait devant quelle porte la pluie vous surprendrait ! À dimanche…

— Cette enfant bouleverse toutes mes notions, ajoute Jean Dézert, en rallumant sa pipe.

III

Le soir, chez Mme Chênedoit, Léon Duborjal questionna Jean Dézert.

— Eh bien, qu'as-tu fait de ta journée ?

— Rien. J'ai reçu la visite d'Elvire.

— Une femme du monde ?

— Non.

— Ta maîtresse ?

— Non.

— Ta fiancée ?

— Non.

— Ta cousine ?

— Non.

— Quoi donc, alors ?

— Que te dirai-je ? Elle s'appelle Elvire ; son père est négociant. Je l'avais déjà rencontrée devant le bassin des otaries. Je ne vous présenterai pas l'un à l'autre. Tu ne comprendrais pas davantage.

IV

Le dimanche suivant n'était pas, du moins dans toute la force du mot, un dimanche comme on l'entend. Avec lui commençait en effet, pour Jean Dézert, le mois de vacances, qui, chaque année, constitue l'un des avantages les plus recherchés de la vie d'employé de ministère. Durant cette période, les jours de la semaine ont chacun une valeur égale. Leur nom ne présente plus qu'un intérêt purement théorique.

Jean Dézert, qui, l'été, ne va jamais ni à la mer ni à la montagne, mais considère alors Paris comme une ville d'eau, s'était vêtu d'un pantalon blanc et d'un veston d'alpaga.

Depuis sa fenêtre, il vit enfin venir Elvire. Elle portait, en le balançant négligemment à son côté, un paquet assez volumineux et de forme ronde, ficelé dans du papier blanc. Elle changea deux fois de trottoir, sans nécessité, avant d'entrer.

— Embrassez-moi, dit-elle, sitôt parvenue sur le palier. Ne sommes-nous pas de vieux amis ?

Il obéit. Ses lèvres n'en gardèrent qu'un petit goût sucré de poudre de riz à bon marché.

— Je suis en retard, oh ! malgré moi. On va se promener, n'est-ce pas ? Vous savez bien que vous me l'avez promis.

— Je me souviens, Elvire, et j'ai fait des projets. Il existe, un peu au-delà des fortifications, un site où je veux vous conduire. Il est si sauvage et si loin (malgré les moyens de transport) que

les habitants d'alentour l'ont dénommé Mada-
gascar. Des maisons poussent, çà et là, trop
grandes, parmi les fumées d'usines. Des pauvres
se sont crus dans la campagne ; ils ont laissé des
papiers gras et des tessons de bouteilles sur le
bord des carrières. Je ne sais pas, à vrai dire, si
vous aimerez cet endroit. Mais il vous expliquera
beaucoup de moi-même.

— Cela m'est égal, répondit-elle, j'aime
mieux partir pour Viroflay. Il y a des bois. Nous
jouerons à nous perdre. On prend d'abord le
train, à la gare des Invalides. C'est un train élec-
trique, qui conduit jusqu'à Versailles. Les noms
des stations sont gracieux : Meudon-Val-Fleury,
par exemple. On passe devant Issy-les-Mouli-
neaux. On voit quelquefois des aéroplanes. Je
connais la promenade. Je l'ai faite avec ma tante
et ma cousine, l'année dernière. Nous avons
dîné sous la tonnelle d'un restaurant et Dieu sait
que l'on s'est amusé ! Mais, au retour, il y avait
tant de monde et j'étais si fatiguée que je me suis
endormie, debout, dans un compartiment de
fumeurs.

— Je n'insisterai pas ; allons à Viroflay. Mais
auparavant m'expliquerez-vous le contenu de
votre paquet ?

— Une couronne. Papa m'a dit : « Je l'ai pro-
mise pour aujourd'hui. C'est dimanche et je n'ai
personne. Puisque tu sors, va la livrer. » Seulement,
voilà, c'est bien de moi, j'ai perdu l'adresse…

— Votre père vend des couronnes ? y a-t-il donc tant de monarques ?

— La maison possède un assortiment varié. Elle tient même, depuis peu, un article fort avantageux, d'émail blanc inaltérable à la gelée, pour enfants en bas âge.

— Je ne vous voyais point sous un tel jour, Elvire. Posez l'objet dans le vestibule. N'en parlons plus et partons. Il est inutile d'agiter ces choses.

— Du tout. Je le garde avec moi. Je serais trop capable de l'oublier, au retour. Qu'au moins je rapporte cette couronne à mon père.

— Ne craignez-vous point que cela jette une ombre sur notre excursion ?

— Tiens ! quelle idée ! Je vous confie mon fardeau. C'est au jeune homme d'être chargé.

Si la pluie avait commencé vers cet instant de la journée, Elvire et Jean Dézert, sans changer de place, auraient repris, tout bonnement, leur conversation du dimanche précédent. Mais il a paru préférable, pour la diversité du récit, que le beau temps persistât une heure de plus.

Ils partirent donc, sous la grande chaleur.

Certes, l'éducation qu'Elvire avait reçue ne lui permettait pas de chanter dans le tramway à vapeur Bastille-Porte-Rapp. Cependant, à chaque cahot de la vieille voiture peinte en rouge, sa lèvre supérieure tremblait un peu, comme s'efforçant de réprimer les refrains débordants de sa joie estivale.

Ils descendirent aux Invalides ; Jean Dézert prit les billets. Un train partait, précisément. Elvire avisa, dans le premier compartiment inoccupé, un coin qui lui plut.

— Oh ! moi j'aime tant les voyages ! dit-elle.

Jean Dézert se plaça sur la banquette, en face. La couronne fut hissée dans le filet.

Après le dernier coup de sifflet, le bruit des roues est plein de charmes, car l'on oublie ce qu'on laisse derrière soi et qu'il faudra bien s'arrêter une fois ou l'autre. Elvire ne s'aperçut pas qu'elle avait noirci ses gants de fil, en baissant la glace de la portière. Elle regardait fuir le mur de soubassement que longeait le train, et peut-être, effectivement, voyait-elle un paysage.

À la station du pont de l'Alma, un arrêt brusque faillit faire choir la couronne. Du moins elle vibra, dans un bruit multiple de verroterie agitée.

— Posez-la sur vos genoux, conseilla Elvire. Nous serons plus en sûreté. Je vais me rendre compte si rien n'est cassé.

Elle défit l'enveloppe de papier blanc. D'abord apparut un ruban violet, sur lequel, en lettres d'or, était imprimé : « À ma Tante ». Puis, une flore de pensées métalliques et mille arabesques de perles noires.

— Tout va bien. Voyez-vous, papa connaît son affaire. Avec lui, pas à craindre le manque de solidité.

Cependant, un couple frivole, qui avait entrouvert la portière, hésita, puis redescendit.

Malgré le courant d'air ménagé dans le compartiment, la température devenait si lourde que Jean Dézert, pour éviter le sommeil, en fut réduit à lire les panneaux d'affiches qui bordent la voie. Dès Issy, il n'y eut plus de doute possible. Le temps se gâtait.

— Ce n'est qu'un orage, dit Elvire. Il rafraîchira la verdure.

Vers Meudon, la partie de plaisir semblait sérieusement compromise.

— Il pleut trop pour que cela continue, reprit la jeune fille, optimiste.

À la sortie du tunnel de Viroflay, aucun changement ne s'était produit. Jean Dézert et Elvire, arrivés à destination, cherchèrent un abri sous la marquise du quai.

— Sans doute, il aurait mieux valu autrement. Pourtant, nous sommes quand même à la campagne. Vous verrez mes belles couleurs, au retour.

Le vent venait de l'ouest. Les nuages aussi. Des ruisseaux couraient sur le gravier et charriaient des débris de charbon, le long des rails. Elvire se pesa sur la balance automatique. Jean Dézert tira plusieurs tablettes de chocolat d'un distributeur.

Puis, ils s'assirent sur le même banc, la couronne entre eux deux.

— Causons, puisque nous ne sommes pas pressés, dit alors Elvire. J'ai réfléchi tout à l'heure à une question que je désire vous poser. Avez-vous un idéal ?

— Je me le suis toujours demandé.

— Eh bien, moi, j'en ai un. Sans lui, je ne pourrais pas vivre.

— Quel est-il donc ?

— Je ne sais pas. C'est mon idéal… Comment voulez-vous que l'on explique cela ?

— En effet…

Partie sur cette voie, la conversation s'annonçait grave et confidentielle.

— Que pensez-vous de l'amour ? ajouta Elvire. Moi, j'estime qu'il faut un roman dans l'existence ; un roman honnête, bien entendu, étant donné la situation qu'occupe mon père.

— Évidemment, répondit Jean Dézert. Je vois avec plaisir que vos lectures ne vous ont point gâtée. Mais n'exigez pas un avis de ma part ; les auteurs m'ont si mal renseigné ! Quant à mes expériences personnelles, j'ignore jusqu'à quel point elles ne furent pas honnêtes. En tout cas, elles n'eurent rien de romanesque.

Un train passa – comme le destin. Il s'en allait vers les bains de mer, en négligeant les petites stations. Toute l'eau du ciel ne l'aurait pas lavé de la tristesse des gares originelles. Mais la machine était devant, qui le traînait à grands coups rudes.

— Je crois que nous serions faits pour nous entendre, dit encore Elvire.

— Nous y voilà ! répondit Jean Dézert.

— Vous au moins, vous sauriez me comprendre, n'est-ce pas ?

— Est-on jamais bien sûr de ce que l'on doit souhaiter ?

— Une idée... Pourquoi ne demanderiez-vous pas ma main à mon père ?

— Comme vous vous ennuieriez, Elvire ! Il est vrai que si les couronnes n'ont pas altéré votre nature, mon influence ne pourrait guère être plus néfaste.

— J'ai dit ces choses en plaisantant !

— Elles ne me touchent que davantage. C'est justement ce point de vue qui me manque. Soyons donc fiancés, si vous y trouvez quelque utilité.

— Mais vous mettrez une cravate neuve ?

— Naturellement. Je n'oublie jamais l'important. Et j'achèterai une canne. J'aurai l'air tout à fait comme il faut. Vous me présenterez à vos amies.

— Pourvu que l'été devienne moins pluvieux !

— En attendant, nous aurions raison, croyez-moi, de changer de quai. Tenons-nous-en là, pour aujourd'hui, et rentrons à Paris. Vous finiriez d'ailleurs par prendre froid aux pieds.

V

Une partie de plaisir manquée ne comptait pas dans la vie de Jean Dézert. Il savait que nos joies sont faites de commencements et qu'il ne faut pas se montrer trop difficile.

La nouveauté de la situation, malgré tout, le laissait songeur.

— Où me conduira donc une telle aventure ? pensait-il, chaque matin, à l'heure où, pour reprendre contact avec l'existence (qui ne voudrait rien dire sans un goût de scaferlati), il allumait, encore couché, la meilleure cigarette de la journée.

— C'est la première fois que je ne sais pas où je vais. L'imprévu du chemin me réserve sans doute bien des surprises. Enfin, je suis fiancé. De cette façon j'occuperai mes vacances ; le tout est d'avoir un prétexte. Elvire, inutile et charmante Elvire, pourquoi pas vous plutôt qu'une autre ?

Août (saison des plages au soleil le long desquelles des enfants, pieds nus, goûtent le bonheur de vivre) s'obstinait en vaines averses, entrecoupées de chaleurs pesantes. Les passants se faisaient moins nombreux. Des chars à bancs promenaient des Anglais. Plusieurs cas de typhoïde se déclarèrent dans le vingtième arrondissement. Certain soir, on vit des orphéons descendre la Seine sur des bateaux-mouches, en jouant des airs connus.

Entre-temps, Jean Dézert annonça ses fiançailles à Léon Duborjal.

— La chose n'a rien d'officiel. Tu comprends, dans une gare... Mais, vu l'intimité de nos vieilles relations, je te devais de t'informer avant quiconque.

— Je te félicite et je t'approuve. Ta vie est faite, ton avenir assuré ; il ne te manquait plus que le mariage. C'est toujours mieux, pour un fonctionnaire. Mais a-t-elle une dot, la jeune personne ?

Jean Dézert avoua que les circonstances ne lui avaient pas encore donné le temps de s'en assurer.

— La question a son poids, mon cher. Connais-tu, au moins, la situation de fortune des parents ? D'abord, que fait le père ?

— Il est dans les objets de deuil, si j'ai bien compris.

— Pas mal, pas mal, le commerce a du bon. Sans doute, il ne vaut plus ce qu'il valait autrefois, surtout depuis que la formule : « Selon la volonté du défunt, l'on est prié de n'apporter ni fleurs ni couronnes » se multiplie sur les billets de faire-part des classes dirigeantes. Mais il demeure, somme toute, peu sujet aux caprices de la mode, et, si l'hiver le favorise plus que les beaux jours, il ne connaît point de morte saison. À ta place, je verrais s'il n'y a rien à tenter de ce côté-là. Je lâcherais le ministère et j'entrerais dans la maison ; je trouverais quelque chose de nouveau à lancer, qui toucherait au point sensible la vanité des affligés. C'est que l'on peut gagner une fortune, dans la partie ! Songe que cette industrie est restée stationnaire, qu'elle n'a pas fait un pas depuis cinquante ans, que tout y est à créer ! Mais, entre nous, et sans t'offenser, tu n'as pas l'esprit tourné aux entreprises. Quoi qu'il en soit, compte sur moi. Je serai ton premier garçon d'honneur. Va ! la noce ne manquera pas de gaieté.

— Nous n'en sommes pas encore là. Il faut l'assentiment paternel, du côté d'Elvire. Et puis, cette enfant est très jeune… Je me suis fiancé parce que je voyais bien que cela l'amusait. Le reste a si peu d'importance…

VI

Oui, le père d'Elvire vendait des couronnes – non pas en or pour les grands de la terre, ni de lauriers pour les triomphateurs, ni de roses pour les convives, mais de sombre et fragile verrerie, les seules définitives ici-bas. On ne saurait trop insister sur le sens éminemment philosophique de ce genre de négoce – qui, pourtant, ne compte pas au nombre des professions libérales. L'erreur commune consiste à croire qu'il teinte de mélancolie l'humeur de ceux qui le pratiquent. Affaire d'habitude, comme toujours. De fait, ses premières visions du monde extérieur et ses paysages les plus familiers n'avaient laissé aucune trace dans l'âme ingénue d'Elvire. Notons, seulement, en passant, que lorsqu'on a joué, toute son enfance, à l'enterrement, sur le trottoir, avec ses petits voisins, il n'est plus de jeu qui vous effraie, par la suite.

Jean Dézert – il ne transige pas avec les traditions – avait sorti de son placard, pour venir faire une demande officielle auprès de M. Barrochet, le chapeau de soie dont il n'use qu'en de grandes circonstances. Si incrédule que son éducation laïque l'ait formé, il se découvrit avant de pénétrer dans la boutique, où s'étageaient en jardins suspendus les diverses catégories d'objets d'art que réclame le culte des morts. Le soleil, astre égalitaire, partageait alors, sans distinction, ses rayons de trois heures de l'après-midi entre les nombreux articles exposés derrière la glace de la devanture. Car on trouvait là (les prix encourageant toutes les bourses) depuis les humbles présents que la piété des indigents suspend aux croix de bois des cimetières suburbains, jusqu'à des emblèmes plus richement œuvrés, destinés à l'ornementation de ces chapelles funéraires, où les privilégiés peuvent pleurer, à l'abri des intempéries, sur des concessions à perpétuité. L'ensemble scintillait vaguement et semblait se consumer d'un feu obscur, taché seulement, de distance en distance, par la blancheur d'une étiquette.

Le négociant, en sa boutique silencieuse et fraîche, reçut Jean Dézert, d'une manière fort courtoise. Sa fille l'avait prévenu déjà. Le digne homme, si plein d'affection et d'indulgence pour son unique enfant (tout le portrait de sa mère, décédée lors de l'Exposition de 1900), parla en ces termes :

— Je ne dis pas non, monsieur, et tout l'honneur serait pour moi. Mais Elvire n'a pas dix-huit ans. Avant que je me prononce, il conviendrait, peut-être, de réfléchir de part et d'autre. Vous ne savez pas, monsieur, comme les jeunes filles sont capricieuses. Le mois dernier, Elvire m'a fait la vie – j'ose dire – pendant plusieurs jours, pour que je lui achète un couple d'inséparables – vous savez, ces petites perruches, deux par deux. Or, j'ai retrouvé les pauvres bêtes mortes de faim dans leur cage, avant-hier matin. Chaque instant apporte à mon enfant une fantaisie nouvelle, sans lendemain. Aujourd'hui, elle veut se marier avec vous. Tout à l'heure, elle me touchait deux mots à ce sujet, des larmes dans les yeux. Y songe-t-elle encore ? Écoutez vous-même, elle joue la *Valse brune*.

Les sons rapides d'un piano se déchaînaient, en effet, depuis quelques minutes, dans la pièce voisine. Jean Dézert, qui ne savait que faire de son chapeau, le posa près de lui, sur un navire entièrement construit et gréé de perles mauves et de fils de laiton. Une pancarte expliquait : « Modèle spécialement recommandé pour officier de marine perdu en mer. »

— En toute franchise, continua M. Barrochet, j'avais rêvé de donner ma fille à un marbrier et d'associer ainsi mes intérêts à ceux de mon gendre. Mais je m'en voudrais de contrarier l'inclination d'Elvire – d'autant que votre situation et votre physionomie sont loin de me déplaire. Moi qui vous parle, monsieur, j'ai fait un mariage d'amour... Si donc vous persistez dans vos intentions (qui m'honorent, je le répète), ma maison vous est ouverte. Venez quelquefois dîner en famille. C'est ainsi que l'on apprend vraiment à se connaître.

Jean Dézert se leva et serra la main de son futur beau-père. Il ne s'était pas attendu à rencontrer si peu d'objections ni tant de cordialité. Ce veuf débonnaire, d'âge et de caractère incertains, qui lui souriait sans arrière-pensée dans la pénombre de son comptoir, le mettait tout à fait à son aise.

— Avant de me retirer, pourrai-je présenter mes devoirs à mademoiselle votre fille ?

— J'allais vous le proposer. Mais je n'entends plus son piano et je me demande où elle peut être. Attendez une seconde, je vais lui faire signe.

M. Barrochet revint presque aussitôt.

— Donnez-vous donc la peine d'entrer dans le salon. Il est un peu en désordre. Ne faites pas attention. Elvire s'y occupait tout à l'heure à coller des timbres-poste.

Le salon servait aussi de salle à manger, s'il fallait en croire la table ronde du milieu, la suspension et le buffet disposé contre le mur du fond.

Elvire apparut par une porte vitrée qui devait donner dans quelque vague corridor. C'était bien la fiancée prévue, en tablier blanc d'intérieur, et des cheveux dans tous les sens, perpétuel objet de surprise et de désir. Oh ! ces yeux qui ne savent pas ce qu'ils regardent ! Et ce cou nu qui annonce autre chose ! Et ces mains naïves aux petites bagues dont les turquoises n'ont pas sujet d'être malades.

— Vous êtes là ! Je m'en doutais. Je pense que vous vous êtes entendu avec papa ?

— M. Barrochet m'a permis d'espérer...

— Alors il faudra que vous veniez ainsi tous les après-midi, en portant un bouquet. Tu te souviens, papa, du fiancé de mon amie Marcelle ? Il était gentil mais un peu commun. Voulez-vous que je vous fasse visiter l'ap-partement ? reprit, sans s'arrêter, Elvire. Vous verrez, c'est beaucoup plus gai, sur la cour.

— Peut-être, proposa le marchand de couronnes, M. Dézert préférerait-il se rafraîchir ? Tu devrais nous servir de l'orgeat.

— Oh ! oui, avec de l'eau fraîche et une paille ! C'est très amusant à boire de cette façon. Mon Dieu, qui se serait douté de cela, il y a seulement un mois ! Dire que je vais avoir un fiancé, pour de vrai ! Tu permets qu'il m'embrasse, papa ?

Jean Dézert place un baiser, sinon une parole.

— Il y a une chanson, dit Elvire :

Le premier baiser
Que tu m'as donné...

j'ai oublié l'air.

— Je rends cette justice à Elvire qu'elle est un véritable pinson, conclut M. Barrochet. Sa voix m'aura souvent inspiré dans mon travail. Car je suis un inventeur, monsieur, quoique modeste, en vérité. J'ai dessiné moi-même la plupart des modèles riches que je mets en montre...

Un coup de sonnette à la porte de la boutique vint rompre cet entretien.

— Excusez-moi, le gamin est en courses. Ma clientèle m'appelle. Elvire vous tiendra compagnie pendant mon absence.

Lorsqu'il eut bu quelques verres de sirop, en écoutant sa fiancée, qui lui parla de tant de choses et de leur amour, Jean Dézert, avant la chute du crépuscule, prit congé d'Elvire et de son père.

— Tout s'enchaîne logiquement, songeait-il le long du boulevard Raspail qu'il redescendit à pied. Le Jardin des Plantes, Viroflay, aujourd'hui. Trois étapes de ma vie. Attendons la suite.

VII

Tant que durèrent ses vacances, Jean Dézert, chaque après-midi, vint apporter un bouquet d'œillets blancs à sa fiancée. Fleurs ordinaires, sans doute. Mais pourvu que le cœur y soit, n'est-ce pas ?... Il prit l'habitude de dîner en famille à la table de M. Barrochet. Elvire s'occupait de préparer un plat sucré. La petite bonne faisait de son mieux, pleine d'admiration et de respect pour le *Promis* discret et si bien élevé de mademoiselle. Après le repas, Elvire essayait un exercice pour la main gauche, de Chopin. Elle avait de l'âme et du mécanisme. Et c'étaient de calmes soirées dans ce quartier du Montparnasse, réservé, en partie, à d'éternels repos.

M. Barrochet, pas gênant de sa personne, gagnait beaucoup à être connu. Il représentait, assez fidèlement, l'image de la conscience et de la dignité professionnelles. Rarement il quittait sa boutique – même le dimanche, passant la majeure partie de ses loisirs perdu dans ses rêves. C'est en effet vers cette époque (si je me souviens bien) qu'il poursuivait le projet d'une couronne phosphorescente qui eût brillé la nuit sur les tombes, aux yeux attristés des étoiles.

Il arrivait qu'Elvire fixait à Jean Dézert des rendez-vous en des endroits très divers de Paris. Elle profitait de l'humeur conciliante de ce jeune homme sans parti pris, afin de mettre à exécution certaines fantaisies auxquelles sa vie de jeune fille, comme elle disait, ne lui avait pas permis de satisfaire jusqu'alors. Ils allèrent ainsi au Musée Grévin. Ils visitèrent les catacombes et les arches du pont Royal. Ils montèrent même, un matin, dans la colonne de la Bastille.

— Oh ! moi, j'aime tant les ascensions, dit Elvire.

Mais elle eut peur avant d'atteindre le sommet.

Jean Dézert lui expliqua que le bronze des canons de la Liberté ne céderait pas de sitôt aux injures du temps. Il dut, néanmoins, soutenir sa fiancée dans l'obscurité. L'ancien sous-officier, perspicace et averti, qui gardait le monument, laissa paraître un sourire sardonique en les voyant redescendre un peu pâles tous deux.

Elvire avait une façon bien innocente de s'appuyer au bras de Jean Dézert et de se laisser embrasser sur le front. Le seul grief qu'on eût pu lui faire était de ne jamais répondre exactement à la question posée. Ses pensées suivaient celles de Jean Dézert, mais à la façon de ces routes ensoleillées qui longent quelquefois des voies de chemin de fer, sans se refuser pour cela aucun caprice ni aucun détour et qui contournent chaque bouquet d'arbres.

Les vacances finirent. Les fiançailles continuèrent. Jean Dézert, repris par ses occupations, ne voyait plus que le soir sa fiancée.

M. Barrochet déclara en septembre :

— Mes enfants, vous allez vous unir avant peu. Il me semble, mon gendre, qu'il serait temps de chercher un logement dans le quartier.

— C'est vrai, dit Elvire. Je n'y pensais plus. Reste encore le plus amusant. J'aurai une robe blanche… Je vois ça d'ici. On fermera la boutique, puis l'on donnera un bal.

VIII

On devait s'y attendre. Il est logique que tout ait une fin – quelquefois même en queue de poisson.

La lampe de la suspension brûlait déjà, car la nuit tombe vite dès les premiers jours d'octobre. Jean Dézert et sa fiancée, en tête à tête, parlaient, un soir, de l'avenir.

— Je serai bien heureuse, disait Elvire. C'est votre air convenable qui m'a donné confiance tout de suite… Je me demande si papa doit inviter la famille Dufour à notre noce. Ce ne sont que des boulangers, bien que leur fille aînée ait épousé un pharmacien. Mon Dieu, que la vie est compliquée !

— Ne vous faites pas de souci. Les choses iront toutes seules, vous verrez. Profitons plutôt de notre état actuel pour, mieux apprendre à nous connaître. Plus tard, nous aurons tant de sujets d'occupations !

— Oui, ces jours-ci resteront les plus beaux de ma vie !

— Vous ne regrettez rien, vraiment ? Ce sera sérieux et définitif, vous savez.

— Je l'espère… On ne donne qu'une fois son cœur de jeune fille. Et je sens que vous m'aimerez toujours…

À ces mots, Jean Dézert s'émeut. Il prend Elvire dans ses bras – dans ses bras maigres. Le voilà qui devient lyrique, maintenant.

— Elvire, Elvire ! Saurez-vous jamais tout ce qui s'étonne en moi de m'entendre prononcer ce nom d'Elvire, célébré jadis par des bouches beaucoup plus autorisées que la mienne. Des siècles d'ennui, Elvire, des siècles de bureau, s'exaltent devant la fantaisie que tu représentes à mon âme d'employé de ministère. Demeure telle, sois puérile et vaine, divine et sans objet, toi-même, dis-je, et console-moi de ce que le ciel, dans ma misère, m'ait nanti de la conscience de mon moi – si l'on peut s'exprimer ainsi, en l'espèce.

Elvire le regarde en face, qui penche vers elle son visage dans la lueur projetée par l'abat-jour de porcelaine. Elle le regarde en face pour la première fois de sa vie. Alors, comme sans raison, elle se détache de lui. Elle éclate en sanglots et s'assied les coudes sur la table, la figure dans ses mains.

— Je vous ai fait de la peine, Elvire. Pardonnez-moi ; mais il fallait que ces choses-là fussent dites.

Il la presse de répondre. Enfin, ça lui pèse trop lourd sur le cœur, sans doute.

— Oh ! je n'avais pas remarqué que vous aviez la figure si longue. Pourquoi, mon Dieu, ne vous ai-je pas mieux examiné plus tôt ! C'en est fait ! Je ne pourrai jamais, jamais plus vous aimer dans de pareilles conditions.

Jean Dézert conçoit d'un seul coup toute l'étendue et le caractère irrévocable du désastre.

Il s'assied près de sa fiancée, cherchant une parole de circonstance. Mais comment insister ?

— Je me doutais qu'il arriverait un accident de ce genre ; j'aurais dû le prévenir. Il est trop tard, je me rends compte. Pauvre petite Elvire ! Perdre ainsi ses illusions ! Ne plus pouvoir aimer son fiancé parce que l'on s'aperçoit un soir – révélation ! – qu'il a la figure trop longue ! Je laisse à d'autres le soin d'expliquer cela, car j'en souffre autant que vous, allez. Mais vous êtes jeune. Vous en reviendrez et vous oublierez cette histoire. – Adieu, Elvire !…

Après tout

Pintez, dansez, gens de la terre. Tout est un triste et vieux mystère.

JULES LAFORGUE.

I

— Soyons classique, se dit Jean Dézert. J'ai des peines de cœur – c'est bien le mot. Il importe donc d'agir en conséquence et de jouer mon rôle selon les règles admises.

Son premier geste, au premier soir, avait été vraiment de se coucher sans même choisir l'endroit, devant sa table de toilette, sur le tapis de linoléum. Il fallut toute l'obstination de l'enseigne électrique du Petit Saint-Thomas, qui le frappait en pleine figure de ses rayons méthodiquement alternés, pour le rappeler à une notion plus exacte des choses. Mais hâtons-nous de dire que ce mouvement de faiblesse fut le seul, car Jean Dézert reprit aussitôt le dessus.

Ses collègues du ministère ne se doutèrent de rien. Léon Duborjal, de son côté, se montra plein de discrétion. Il répondit par une chaude poignée de main à l'aveu que lui fit son ami. Ces situations sont si délicates !

Quand il eut réfléchi à tête reposée, pendant une semaine, dans son bureau, Jean Dézert résuma ainsi le résultat de ses méditations.

— Il existe trois moyens cardinaux d'obtenir l'oubli, en pareil cas. Le premier consiste à se jeter dans les plaisirs, autrement dit à faire la fête. Le second réside dans l'alcool. Le troisième – les précédents ne manquent pas –, c'est la mort. Cette dernière ressource est la plus sûre et la moins coûteuse. Avant d'y recourir, peut-être convient-il pourtant d'avoir épuisé les deux autres.

II

La vie de débauches de Jean Dézert dura bien quinze jours. Il ne se couchait plus que vers les deux heures du matin. On le rencontra dans plusieurs cafés chantants, notamment à l'Élysée de la rue Saint-Antoine, au Concert Persan du boulevard Sébastopol et au Caveau de la République. Il fut vite à même de siffler tous les refrains en vogue dans les établissements de nuit à prix modérés et de donner son avis aussi bien sur le talent déployé par Mme Darteuil (diction à voix), dans la *Valse à Julot*, que sur la grâce avec laquelle Mlle Moriska (la fine diseuse) détaille la romance :

Quand reviendront les hirondelles
Peupler le toit de ma maison...

D'épaisses beautés pailletées d'or, et dont les robes éclatantes ont la forme d'une tulipe renversée, des demoiselles blondes vêtues de noir, qui arrivent au bon moment, après le pioupiou grivois, pour réveiller les aspirations sentimentales du spectateur hilare ; des dames âgées, des débutantes, celles qui croient de leur devoir de lever la jambe après chaque couplet et celles qui tiennent, en chantant, un rouleau de papier entre leurs doigts ; celles qui transpirent dans des corsages verts ; celles qui s'essoufflent ; celles qui remettent leur lorgnon avant de rentrer dans la coulisse, parce qu'elles ont enseigné le piano en province ; celles enfin qui sont des incomprises ; toutes les femmes dont la principale occupation consiste à verser de la gaieté ou du lyrisme au cœur des souteneurs, des gardes municipaux et des employés de commerce, défilèrent dans l'existence de Jean Dézert – à l'horizon, comme une caravane.

Il but des bocks en compagnie de Raoul de Narsay qui, malgré son nom patricien, stigmatise la noblesse, le clergé, l'Ancien Régime et tutoie les reines de France, afin de mieux leur dire leur fait, dans son répertoire philosophique. Il offrit à souper à Mlle Dorgeval, piquante brune spécialisée dans la chanson rosse. Il commença d'apprendre le billard et le jacquet. Il suivit un monôme d'étudiants, au quartier Latin, en portant une lanterne vénitienne au bout de sa canne. Il dansa même à Tabarin et faillit, par distraction, avoir une affaire d'honneur avec un maréchal des logis d'artillerie.

Ce régime l'accabla autant qu'il le déçut. Alors, délibérément, il se mit à l'absinthe un mardi soir.

Le premier verre qu'il prit lui donna l'audace d'en boire un second et le troisième le grisa, car il n'avait pas l'habitude.

Il ne se souvenait guère d'avoir fait d'aussi grands pas dans la rue. Jamais tant de pensées n'éclorent à la fois dans son cerveau. Les réverbères s'inclinaient, comme des mâts de bateaux-phares. La grande difficulté, c'était lorsqu'il gravissait un trottoir de faire passer le talon après le pied sans l'accrocher contre le bord. Ivresse bien banale, en somme. Le lendemain il souffrit de la tête ; mais il n'avait rien oublié.

Il ne lui restait plus qu'à préparer son suicide.

III

Lorsque Jean Dézert résolut de se suicider, il choisit un dimanche afin de ne pas manquer son bureau.

La matinée fut employée, comme de raison, à de nombreux préparatifs. Il mit en ordre ses papiers, rangea le contenu de ses tiroirs, déchira son calendrier, désormais sans emploi, et rédigea son testament en s'inspirant d'un manuel de droit pratique, car il était soucieux de ne commettre aucun vice de forme. Puis il plaça en évidence sur le marbre de la cheminée une lettre à l'adresse du commissaire de police du quartier, par laquelle il le priait de n'accuser personne de sa mort.

Après quoi, il déjeuna sur le pouce, n'ayant pas trop de tout son temps pour décider du genre de trépas qu'il lui conviendrait d'adopter.

S'étant accoudé à la fenêtre, il considéra, de très haut, la rue, le pavé de bois, les trottoirs et les passants en raccourci. Un prêtre croisait un pâtissier. Deux petites filles donnaient la main à leur bonne. Il faisait beau pour la saison – un petit froid sec. Comme c'était calme, et comme c'était dimanche ! Jusqu'à ce chien sans direction, qui courait au hasard, battant l'air de sa queue d'épagneul et regardant quiconque sous le nez, on eût dit dans l'espoir de découvrir un nouveau maître. Jean Dézert s'avoua qu'il n'avait aucun motif d'en vouloir au cocher du fiacre jaune, arrêté devant le bar voisin, non plus qu'à la dame cycliste qui faisait roue libre à ce moment précis. L'emphase du geste lui déplaisait d'ailleurs.

Il referma la croisée et se souvint que la pendaison était employée officiellement en Angleterre. Mais le manque de hauteur de son plafond lui interdisait, *a priori*, toute entreprise de cet ordre.

Il possédait un revolver, dans le tiroir de sa table de nuit. Mais, en une maison bourgeoisement habitée – où il n'y avait eu qu'un seul constat d'adultère depuis trois ans –, l'idée ne lui vint même pas de s'en servir.

L'usage du poison est plus silencieux et plus discret, quoique moins sûr en ses effets. Seulement, où se procurer la drogue ? Et surtout, à laquelle s'arrêter, en fin de compte ? Un nom se présenta : le *curare*. À force de répéter le mot, Jean Dézert se demanda s'il ne s'agissait pas d'un remède ou d'un condiment.

— Je croyais la chose plus simple, songea-t-il. Néanmoins, j'aurai toujours la Seine à ma disposition. Attendons la nuit, en vue d'éviter les attroupements, les agents plongeurs ainsi que les sauveteurs officieux, et habillons-nous pour la circonstance. Il importe de mourir en beauté.

Avec grand soin, il composa sa toilette, se décidant pour une cravate noire à pois blancs, après beaucoup d'hésitations.

Puis il dîna sur les Boulevards, dans une taverne toute bourdonnante de cette vie avec laquelle il voulait rompre si brusquement. Il s'attarda ensuite dans un café à tziganes, observateur détaché. Les valses viennoises lui donnaient envie de se balancer, sans raison, dans l'oubli des choses. Il était le jeune homme qui va mourir dans un instant, attitude intéressante entre toutes. Et bien vaines lui semblaient ces agitations, bien ridicules ces empressements de garçons autour des tables, bien relative cette foule endimanchée.

À minuit, il se décida pour le Pont-Neuf – le trouva, sur place, trop passant, et gagna le pont de l'Archevêché.

Voici la Seine. Ce ne sont plus les bateaux-mouches qui font les vagues. Le fleuve s'amuse tout seul, entre ses quais d'aplomb, froidement et tristement, à petits clapotis. On ne croirait pas de l'eau. C'est trop noir. Ça remue et ça se creuse sans qu'on puisse deviner la profondeur. Et dire que, toute la nuit, tremblera ce reflet de bec de gaz, au même endroit ! Oui, pour en arriver là, il faut que ce soit fini, bien fini, Jean Dézert.

Deux chalands sont amarrés, l'un près de l'autre, joue à joue. Une corde grince par instants.

— Chalands, pense Jean Dézert, je vous comprends. Vous passez votre existence rectiligne dans ces canaux étroits. Vous attendez devant les écluses. Vous traversez des villes, tirés par des remorqueurs qui proclament, sous les ponts, leur fierté de posséder une sirène, comme de vrais navires. Vous me ressemblez, somme toute. Vous n'irez jamais jusqu'à la mer.

Puis il releva le collet de son pardessus et rentra se coucher, car cela même, un suicide, lui semblait inutile, se sachant de nature interchangeable dans la foule et vraiment incapable de mourir tout à fait.

Le dimanche suivant, Léon Duborjal disait à
Jean Dézert...

L'HORIZON CHIMÉRIQUE

I

L'HORIZON CHIMÉRIQUE

I

Je suis né dans un port et depuis mon enfance
J'ai vu passer par là des pays bien divers.
Attentif à la brise et toujours en partance.
Mon cœur n'a jamais pris le chemin de la mer.

Je connais tous les noms des agrès et des mâts,
La nostalgie et les jurons des capitaines,
Le tonnage et le fret des vaisseaux qui reviennent
Et le sort des vaisseaux qui ne reviendront pas.

Je présume le temps qu'il fera dès l'aurore,
La vitesse du vent et l'orage certain,
Car mon âme est un peu celle des sémaphores,
Des balises, leurs sœurs, et des phares éteints.

Les ports ont un parfum dangereux pour les hommes
Et si mon cœur est faible et las devant l'effort,
S'il préfère dormir dans de lointains arômes,
Mon Dieu, vous le vouliez, je suis né dans un port.

II

Par l'appel souriant de sa claire étendue
Et les feux agités de ses miroirs dansants
La mer, magicienne éblouissante et nue,
Éveille aux grands espoirs les cœurs adolescents.

Pour tenter de la fuir leur effort est stérile ;
Les moins aventureux deviennent ses amants,
Et, dès lors, un regret éternel les exile,
Car l'on ne guérit point de ses embrassements.

C'est elle, la première, en ouvrant sa ceinture
D'écume, qui m'offrit son amour dangereux
Dont mon âme a gardé pour toujours la brûlure
Et dont j'ai conservé le reflet dans mes yeux.

III

Quel caprice insensé de tes désirs nomades,
Mon cœur, ô toi mon cœur qui devrais être las,
Te fait encore ouvrir la voile au vent des rades
Où ton plus fol amour naguère appareilla ?

Tu sais bien qu'au lointain des mers aventureuses
Il n'est point de pays qui vaille ton essor,
Et que l'horizon morne où la vague se creuse
N'a d'autres pèlerins que les oiseaux du Nord.

Tu ne trouverais plus à la fin de ta course
L'île vierge à laquelle aspirent tes ennuis.
Des pirates en ont empoisonné les sources.
Incendié les bois et dévoré les fruits.

Voyageur, voyageur, abandonne aux orages
Ceux qui n'ont pas connu l'amertume des eaux.
Sache borner ton rêve à suivre du rivage
L'éphémère sillon que tracent les vaisseaux.

IV

Le ciel incandescent d'un million d'étoiles
Palpite sur mon front d'enfant extasié.
Le feu glacé des nuits s'infuse dans mes moelles
Et je me sens grandir comme un divin brasier.

Les parfums de juillet brûlent dans le silence
D'une trop vaste et trop puissante volupté.
Vers l'azur ébloui, comme un oiseau, s'élance,
En des battements fous, mon cœur ivre d'été.

Que m'importe, à présent, que la terre soit ronde
Et que l'homme y demeure à jamais sans espoir ?
Oui, j'ai compris pourquoi l'on a créé le monde ;
C'était pour mon plaisir exubérant d'un soir !

V

Vaisseaux, nous vous aurons aimés en pure perte ;
Le dernier de vous tous est parti sur la mer.
Le couchant emporta tant de voiles ouvertes
Que ce port et mon cœur sont à jamais déserts.

La mer vous a rendus à votre destinée,
Au-delà du rivage où s'arrêtent nos pas.

Nous ne pouvions garder vos âmes enchaînées ;
Il vous faut des lointains que je ne connais pas.

Je suis de ceux dont les désirs sont sur la terre.
Le souffle qui vous grise emplit mon cœur d'effroi,
Mais votre appel, au fond des soirs, me désespère,
Car j'ai de grands départs inassouvis en moi.

VI

Vaisseaux des ports, steamers à l'ancre, j'ai compris
Le cri plaintif de vos sirènes dans les rades.
Sur votre proue et dans mes yeux il est écrit
Que l'ennui restera notre vieux camarade.

Vous le porterez loin sous de plus beaux soleils
Et vous le bercerez de l'équateur au pôle.
Il sera près de moi, toujours. Dès mon réveil,
Je sentirai peser sa main sur mon épaule.

Assis à votre bord, éternel passager,
Il se réfléchira sur les mers transparentes,
Dans le déroulement d'une fumée errante,
Parmi les pavillons et les oiseaux légers,

L'ennui, seul confident de nos âmes parentes.

VII

Le vent de l'océan siffle à travers les portes
Et secoue au jardin les arbres effeuillés.
La voix qui vient des mers lointaines est plus forte
Que le bruit de mon cœur qui s'attarde à veiller.

Ô souffle large dont s'emplissent les voilures,
Souffle humide d'embrun et brûlant de salure,
Ô souffle qui grandis et recourbes les flots
Et chasses la fumée, au loin, des paquebots !
Tu disperses aussi mes secrètes pensées,
Et détournes mon cœur de ses douleurs passées.
L'imaginaire mal que je croyais en moi
N'ose plus s'avouer auprès de ce vent froid
Qui creuse dans la mer et tourmente les bois.

VIII

Toi qui te connais mal et que les autres n'aiment
Qu'en de vains ornements qui ne sont pas toi-même,
Afin que ta beauté natale ne se fane,
Mon âme, pare-toi comme une courtisane.

Lorsque reviendra l'ombre et que tu seras nue,
Seule devant la nuit qui t'aura reconnue
Et loin de la cité dont la rumeur t'offense,
Tu te retrouveras pareille à ton enfance,

Mon âme, sœur des soirs, amante du silence.

IX

Ô la pluie ! Ô le vent ! Ô les vieilles années !
Dernier baiser furtif d'une saison qui meurt
Et premiers feux de bois au fond des cheminées !
L'hiver est installé, sans sursis, dans mon cœur.

Vous voilà de retour, mes pâles bien-aimées,
Heures de solitude et de morne labeur,
Fidèles aux lueurs des lampes allumées
Parmi le calme oubli de l'humaine rumeur.

Un instant, j'ai pensé que la plus fière joie
Eût été de m'enfuir, comme un aigle s'éploie,
Au lointain rouge encore des soleils révolus.

Et j'enviais le sort des oiseaux de passage.
Mais mon âme s'apaise et redevient plus sage,
Songeant que votre amour ne me quittera plus.

X

Mon désir a suivi la route des steamers
Qui labourent les flots d'une proue obstinée
Dans leur hâte d'atteindre à l'horizon des mers
Où ne persiste d'eux qu'une vaine fumée.

Longtemps il s'attarda, compagnon des voiliers
Indolents et déchus, qu'un souffle d'aventure
Ranime par instants en faisant osciller
Le fragile appareil de leur haute mâture.

Mais la nuit vient trop vite et ne me laisse plus,
Pour consoler encor mon âme à jamais lasse,
Que les cris de dispute et les chants éperdus
Des marins enivrés dans les auberges basses.

XI

Diane, Séléné, lune de beau métal,
Qui reflète vers nous, par ta face déserte,
Dans l'immortel ennui du calme sidéral,
Le regret d'un soleil dont nous pleurons la perte,

Ô lune, je t'en veux de ta limpidité
Injurieuse au trouble vain des pauvres âmes,
Et mon cœur, toujours las et toujours agité,
Aspire vers la paix de ta nocturne flamme.

XII

Novembres pluvieux, tristes au bord des fleuves
Qui ne reflètent plus le mirage mouvant
Des nuages au ciel, des arbres dans le vent,
Ni l'aveuglant soleil dont nos âmes sont veuves,

Faut-il que notre exil sous vos froides clartés
Ne conserve d'espoir que le peu que nous laisse
Le cri des trains de nuit qui sifflent leur détresse,
Quand les rêves sont morts dans les grandes cités ?

XIII

La mer est infinie et mes rêves sont fous.
La mer chante au soleil en battant les falaises
Et mes rêves légers ne se sentent plus d'aise
De danser sur la mer comme des oiseaux soûls.

Le vaste mouvement des vagues les emporte,
La brise les agite et les roule en ses plis ;
Jouant dans le sillage, ils feront une escorte
Aux vaisseaux que mon cœur dans leur fuite a suivis.

Ivres d'air et de sel et brûlés par l'écume
De la mer qui console et qui lave des pleurs,
Ils connaîtront le large et sa bonne amertume ;
Les goélands perdus les prendront pour des leurs.

XIV

Je me suis embarqué sur un vaisseau qui danse
Et roule bord sur bord et tangue et se balance.
Mes pieds ont oublié la terre et ses chemins ;
Les vagues souples m'ont appris d'autres cadences
Plus belles que le rythme las des chants humains.

À vivre parmi vous, hélas ! avais-je une âme ?
Mes frères, j'ai souffert sur tous vos continents.
Je ne veux que la mer, je ne veux que le vent
Pour me bercer, comme un enfant, au creux des
                                        [lames.

Hors du port qui n'est plus qu'une image effacée,
Les larmes du départ ne brûlent plus mes yeux.
Je ne me souviens pas de mes derniers adieux…
Ô ma peine, ma peine, où vous ai-je laissée ?

Voilà ! Je suis parti plus loin que les Antilles,
Vers des pays nouveaux, lumineux et subtils.
Je n'emporte avec moi, pour toute pacotille,
Que mon cœur… Mais les sauvages, en voudront-
                                        [ils ?

II

JEUX

I

Ô mes moulins à vent, ô mes vaisseaux à voiles,
Qu'est-ce que l'on a fait de vos âmes de toile ?
Que reste-t-il de vous, hors ces tristes pontons,
Mes frégates, mes avisos et mes corvettes ?
À quel souffle divin, vieux moulins, vous voit-on
Tourner comme ici-bas dans le ciel où vous êtes ?

On a tué bien trop de choses que j'aimais,
Desquelles c'est fini, maintenant, à jamais.
Le « mare ignotum » des vieilles mappemondes
Hante encor mon esprit à travers tous les temps.
Je songe à des marins sur les mers du levant
Qui voguaient sans savoir que la terre était ronde.

Je regrette des paysages de coteaux
Aux fleuves traversés par des ponts à dos d'âne.
La route poudroyait, comme disait sœur Anne ;
Les moulins agitaient leurs quatre bras égaux.
Qu'est-ce que l'on a fait de vos âmes de toiles,
Ô mes moulins à vent, ô mes vaisseaux à voiles ?

Par un soir de brouillard, en un faubourg du nord,
Où j'allais, promenant mon cœur noyé de pluie,
J'ai vu, dans une auberge basse du vieux port,
Danser les matelots de la Belle-Julie.

Le timonier portait sur son épaule droite,
Exotique et siffleur, un grand perroquet vert.
Du maître d'équipage au cuisinier, qui boite,
Tous gardaient, dans leur pas, le rythme de la mer.

Et déjà gris de stout, de rhum et de genièvre,
Les plus jeunes, longtemps sevrés de tels festins,
Écrasaient en dansant des baisers sur les lèvres
De filles dont le cœur est tendre aux pilotins.

Aux accents du trombone et de l'accordéon,
Leurs talons, à grand bruit, soulevaient la poussière.
Mais le mousse, natif de Saint-Pol-de-Léon,
Ivre mort, récitait gravement ses prières.

III

Le cœur lourd de cuisine à l'huile et de piments,
Matéo de Corfou, né d'une mulâtresse
Et d'un prince espagnol parjure à son serment,
Avec grâce étirait sa natale paresse.

Un roulis insensible agitait faiblement
Le hamac du forban dont la pâleur traîtresse,

La bouche insidieuse et le regard qui ment
Firent périr d'amour tant de nobles maîtresses.

Tandis qu'assis en rond ou couchés sur le dos
Les hommes profitaient d'un instant de repos
Pour cuver, çà et là, leurs infernales drogues,

Et qu'un tout jeune esclave au teint de cuivre clair
Qui regardait sans voir par un sabord ouvert
Pleurait en évoquant des lacs et des pirogues.

IV

Lorsque je t'ai connue aux Îles de la Sonde,
Ton sourire, ma sœur, était noir de bétel…
Depuis, deux ou trois fois, j'ai fait le tour du monde,
Et je me suis guéri de tout amour mortel.

Matelot jovial aux mouvements pleins d'aise,
Et très fier, je portais, d'un torse avantageux,
La vareuse gros bleu de la marine anglaise.
Enfant, ta passion fut un terrible jeu.

Quand je resonge encore aux nuits de Malaisie,
Je pardonne à ton cœur ardent qui me brava,
Car pourrais-je oublier de quelle fantaisie
Tu grisas mon ennui sous le ciel de Java,

Jusqu'à l'instant fatal où mon rival mulâtre
Me frappa dans le dos, un soir, avec son kriss ?
Mais le Seigneur plaça, dans ma vie idolâtre,
Un Chinois converti qui me parla du Christ.

C'est lui qui m'a conduit, par des chemins austères,
À mériter ma place au nombre des élus
En semant le bon grain parmi toute la terre
Comme simple soldat dans l'Armée du Salut.

V

L'oiseau de paradis, l'ibis, le flamant rose,
Le choucas, le toucan, la pie et le pivert,
Éployant tour à tour leurs plumages divers,
Volettent sur mon cœur mais jamais ne s'y posent.

La tubéreuse, la pivoine et le jasmin,
Le lotus de Judée et le lys de l'Euphrate,
Les plus étranges fleurs et les plus disparates,
Sous mon regard désenchanté fanent en vain.

Je m'ennuie à mourir et ma dernière amante,
Viviane, la fée aux yeux couleur d'espoir,
Périrait sous les coups de mes esclaves noirs,
Sans distraire un instant le mal qui me tourmente.

VI

Je porte au gros orteil un anneau d'or massif,
Qui me vient de mon père à qui l'avait légué
Un vieillard de grand sens mais par trop primitif,
Son oncle maternel, marchand de papegais.

Je porte, sur le ventre, un tatouage obscène
Qu'y grava, par ennui, dans l'Arabie Heureuse,

L'esclave préférée, insouciante et vaine,
D'un calife éminent et d'humeur scrupuleuse.

Je porte dans le dos, à la hauteur des reins,
La marque rouge encor d'un coup de boomerang,
Outrage inexcusable et grossier à dessein
D'un Papou, qui d'ailleurs le paya de son sang.

Mais je porte en mon cœur, à l'abri des atteintes
Du temps et de l'oubli, le souvenir futile
D'une créole de Saint-Pierre aux lèvres peintes
Dont les baisers grisaient comme le vin des Îles.

VII

Vous pouvez lire, au tome trois de mes Mémoires,
Comment, pendant quinze ans captif chez les Papous,
J'eus pour maître un monarque exigeant après boire
Qu'au son des instruments on lui cherchât ses poux.

Mais j'omis à dessein, en narrant cette histoire,
Plusieurs détails touchant l'Infante Laïtou,
Fille royale au sein d'ébène, aux dents d'ivoire
Dont la grâce rendit mon servage plus doux,

Depuis que les échos des Nouvelles-Hébrides
Qui répétaient les cris de nos amours hybrides,
Terrifiant, la nuit, les marins naufragés,

S'éteignirent au creux des rivages sonores,
Laïtou, Laïtou, te souvient-il encore
Du seul de tes amants que tu n'aies point mangé ?

Le cœur brûlé par tous les tabacs de la terre
Et mal guéri d'amours nocives et d'alcools,
Je ne désire plus qu'un endroit solitaire
Pour finir mes vieux jours, paisible et sans faux col,

Le long des quais déserts d'un petit port marchand
Où j'attendrai la mort avec une âme sage,
En voyant, chaque soir, s'endormir au couchant
Le soleil, à travers des mâts et des cordages.

VIII

Si je contemple le plafond
Avec tant de mélancolie,
Gentlemen, avouerai-je, au fond,
Le motif de ma rêverie ?

Lorsque j'ai bu trois carafons
De gin, de rhum et d'eau-de-vie,
Goddam ! Tous ces alcools me font
Songer à la mère-patrie...

J'en partis à vingt ans à peine,
Pour acheter du bois d'ébène
Sur la côte des Somalis.

Négrier plus qu'aux trois quarts ivre
(En vérité je vous le dis),
J'ai gardé tout mon savoir-vivre.

III

ATTITUDES

I

Comme Tycho-Brahé qui cherchait des planètes,
Nous n'élevons les yeux que vers les nuits d'été
Pour garder à jamais notre âme et nos mains nettes
Des vulgaires soucis de notre humanité.

Arborant le regard lointain des astrologues
Qui butent aux pavés et tombent dans les puits,
Nous passons, dédaigneux des abois de vos dogues,
Et jaloux du secret d'un immortel ennui.

Le bouton de corail des mandarins insignes
Offre peu de valeur et n'a point de vertu
Auprès du fatidique et plus étrange signe
Que nous portons, brodé sur nos chapeaux pointus.

Et lorsque nous dansons, au sommet des collines,
Autour des feux de joie où nous brûlons nos morts,
Les moins sots d'entre nous, sans comprendre,
                                    [s'inclinent,
Nous estimant très grands, très puissants et très forts.

Dire qu'il nous faudra vivre parmi ces gens,
Toujours ! Et pas moyen de rester solitaires !
— Pourtant, ils ont leur façon d'être intelligents,
Lorsqu'ils ne disent rien ou bien parlent d'affaires.

Nous étions nés, je crois, pour toute autre planète ;
Mais nul ne l'a compris. Et Dieu, qu'y pouvait-il ?
La Terre sans amour de ces hommes honnêtes
Donne fort peu de joie à notre cœur subtil.

Ô cafés, bridge à trois ! Lorsque nous serons morts,
Ce sera bien plus grave et pour de bon, nous autres !
En attendant, vivons et semblons jusqu'alors
Ridicules, avec nos manières d'apôtres.

Allons ! Faisons les fous, car c'est notre sagesse.
Notre raison ne peut ressembler à la leur,
Et notre âme, si vers leur âme elle s'abaisse,
Dans leurs pauvres plaisirs ne trouve que des pleurs.

III

Gens de bien, vertueux et probes,
Vous, les honnêtes, les prudents,
Qui ne montrez jamais les dents,
Gens d'honneur, d'épée ou de robe,

Gens de bourse et vous gens de loi,
Hommes, enfin, qu'on dit nos frères,

Gardez — nous n'en avons que faire —
Vos sentiments de bon aloi.

Que nous importent vos scrupules,
Et vos soucis et vos tracas ?
Nous ne mettrons jamais nos pas
Dans vos empreintes ridicules !

Car, aux Mèdes anciens pareils,
Nous ne croyons qu'à l'impossible.
Et nous avons choisi pour cible
Le disque rouge du soleil !

IV

Quand les bureaux et les usines
Par le peuple sont désertés,
Et que Paris semble en gésine
D'une trop vaste humanité,

Alors que l'homme au rire bête
Et son épouse aux airs penchés
Croient égayer ce jour de fête
Parce qu'ils sont endimanchés,

Mon âme, loin des foules grises,
Dont le tumulte est odieux,
Se recueille, avant tout éprise
De la solitude des dieux.

Sur le monde fermant la porte
Et tisonnant mon poêle éteint,
Je rêve à des planètes mortes
Comme à des paradis lointains.

V

En voyant leurs fronts
Dégarnis au faîte,
Les gens au courant
Les disent poètes.

Leurs yeux, qui sont faits
Pour d'autres lumières,
Dans notre jour faux
Clignent des paupières.

Marchant de travers
Au milieu des places,
Ils vont au hasard
Dans la populace.

Leur âme gardant
La blancheur des oies,
Ils disent pardon
Lorsqu'on les coudoie,

Toujours indulgents
À qui les offense,
On les croit déjà
Tombés en enfance.
Ils portent des cœurs
Plus grands que nature ;
On n'a pas encor
Trouvé leur pointure.

VI

Nous ne sommes pas méchants
(On peut l'avouer sans pose),
Nous sommes de pauvres gens ;
Ce n'est pas la même chose !

Sans oser prétendre à tant
Que de voir la vie en rose,
Nous nous estimons contents
Avec si, si peu de chose !

Ni les ors, ni les argents,
Ni les objets qu'on expose
Aux vitrines des marchands,
Ne nous disent quelque chose

Mais qu'un verre de vin blanc
Réchauffe notre chlorose
Et nous allons, titubants,
Insoucieux d'autre chose !

VII

Si j'étais gabarre ou chaland
Au bout d'une corde qui grince,
   Beau fleuve lent,
Je descendrais vers tes provinces.

Si j'étais un noyé tranquille,
Je m'en irais entre deux eaux,

Cherchant quelque île
Où m'endormir dans les roseaux.

Peuplier de la Caroline,
Je répandrais d'un geste doux
    Mon ombre fine
Sur les flots plats et sans remous.

Rayon de lune ou feuille morte,
Je voudrais, léger et dansant,
    Que tu m'emportes
Voir d'autres pays en passant,

Mais que suis-je, sinon poète
(Autant dire un cœur plein d'ennuis),
    Ma cigarette
M'éclairant seule dans la nuit ?

MADRIGAL

Je crois trouver en vous, Madame, l'étrangère
Qu'il nous faut éviter selon les livres saints,
Et dans vos yeux trop grands que leur cerne exagère
Je n'ose présumer que de vénals desseins.

Mais depuis si longtemps parmi les foules j'erre
Sans rencontrer un frère et pas même un cousin,
Qu'en tout bien tout honneur je ne saurais moins
                                 [faire
Que de vous proposer un verre sur le zinc.

Acceptez sans façons ! Nous nous connaissons d'Ève
Et d'Adam. Il suffit. Chère amante, je lève
Ma coupe en bénissant le soir qui nous unit.

À défaut de l'amour et de la foi qui sauve
Je vous offre ce cœur, bon compagnon d'alcôve
Et complice discret dans le désert d'un lit.

VIII

Vous savez que le vin des anges
Peut seul flatter notre gosier.
Au lieu d'aller à vos vendanges,
Asseyons-nous sur nos paniers.

Vos jeux nous restent lettre morte ;
Votre amour nous est un affront.
Fumons la pipe au seuil des portes
Et vers l'azur faisons des ronds.

Nous voulons vivre dans les marges ;
Il ne faut pas nous déranger.
Promenons-nous de long en large
Et sifflotons des airs légers.

IX

Avec nos grands airs de batteurs d'estrade,
Nos yeux insolents et ce ton narquois,
Nous sommes, au fond, des enfants malades
Qui faisons les fiers sans avoir de quoi.

C'est, il faut le dire, une triste chose,
Quand la vie est lourde à notre front las,
Que d'user son temps à chercher la pose
Pour mieux étonner les gens d'ici-bas.

D'autant que, déçus en nos attitudes
Et sachant fort bien que nul ne nous croit,
Nous n'arrivons plus, malgré l'habitude,
À dissimuler nos cœurs mis en croix.

IV

CHANSONS SENTIMENTALES

I

Votre rire est éclatant
Comme un bel oiseau des Îles.
Mais à rire on perd son temps,
Ô ma sœur, ma sœur fragile !

Vous savez des jeux plus fous
Que celui de « pigeon-vole ».
C'est un mauvais point pour vous,
Ô ma sœur, ma sœur frivole !

Vous manquez de sérieux
Et de vertus ménagères.
Vous n'irez jamais aux cieux,
Ô ma sœur, ma sœur légère !

Pourquoi ces mains, dont vous ne faites
Qu'un usage absolument vain ?
　　Mais quelle fête,
Quand je saisis leurs doigts divins !

Pourquoi ces yeux où ne réside
Rien du tout, pas même l'ennui ?
　　Mais quel suicide
Que de les perdre dans la nuit !

Pourquoi ces lèvres d'où j'écoute
Tomber des mots sans intérêt ?
　　Mais quelle absoute
Leur seul baiser me donnerait !

III

Le rire clair, l'âme sans reproche,
Un regard pur comme du cristal,
Elle viendra, puisque c'est fatal !
Moi, je l'attends les mains dans les poches.

À tout hasard, je me suis pourvu
D'un stock d'amour et de prévenances,
N'oubliant point qu'en cette existence
Il faut compter avec l'imprévu.

Tu n'auras donc, petite vestale,
Qu'à t'installer un jour dans mon cœur,

Il est, je crois, plus riche en couleur
Que ton album de cartes postales.

IV

Depuis tant de jours il a plu !
Pourtant, voilà que recommence
Un printemps comme on n'en voit plus,
Chère, sinon dans tes romances.

Adieu rhumes et fluxions !
Adieu l'hiver, saison brutale !
C'est, ou jamais, l'occasion
D'avoir l'âme sentimentale.

Que ne puis-je, traînant les pieds,
Et mâchonnant ma cigarette,
Cueillir pour toi, sur les sentiers,
De gros bouquets de pâquerettes !

V

Amie aux gestes éphémères,
Cher petit être insoucieux,
Je ne veux plus d'autre chimère
Que l'azur calme de tes yeux.

Pas besoin d'y chercher une âme !
De tels objets sont superflus.
Le seul bonheur que je réclame,
C'est de m'y reposer, sans plus.

Que m'importe l'horreur du vide ?
Je vais plonger, à tout hasard,
Ainsi qu'un nageur intrépide,
Dans le néant de ton regard.

LE RÊVE ET LA VIE

Comme il est loin le temps des Mille et une Nuits !
— Prends garde, mon enfant, tes marrons sont trop
[cuits.

J'aurais eu, n'est-ce pas, de grands airs en Sultane ?
— Avant de te coucher, n'oublie pas ma tisane.

Et puis Venise, avec le cri des gondoliers !
— À propos, n'a-t-on pas rapporté mes souliers ?

Un poète m'a dit qu'il était une étoile…
— Ferme la porte et mets du charbon dans le poêle.

VI

Cette enfant, où s'en va-t-elle,
Souriant presque et pourtant
Triste comme une hirondelle
Qui n'a pas fait le printemps ?

D'où vient que le vent lui laisse,
En glissant dans ses cheveux,
Le désir d'une caresse
Ou le regret d'un aveu ?

Ô misère de misère !
Elle a lu trop de romans.
La faute en est à sa mère ;
Mais aussi, quel châtiment !

VII

Chère, les jours sont révolus
De nos tendresses illusoires.
Adieu ! Surtout n'y songe plus ;
Je n'en parle que pour mémoire.

Oui, de ton cœur j'ai fait le tour ;
Ce fut un jeu sans importance.
Tu peux reprendre ton amour,
Je garde mon indifférence.

V

CONFIDENCES

I

Je suis un être de sang-froid
Obéissant aux convenances,
Pas plus méchant que l'on ne croit
Et pas meilleur que l'on ne pense.

Insouciant bien qu'obstiné,
Je suis doux comme Robespierre
Et je voudrais guillotiner
Ceux dont la tête m'exaspère.

Car, dans ce monde, j'ai souffert,
Plus que la chose n'est permise,
Des gens grossiers, des mots amers,
Et de l'éternelle Bêtise.

Aussi bien, je me sens à bout !
Oh ! s'en aller, le cœur allègre,
Tailler des flûtes de bambou
Dans les pays où sont les nègres !

Vois-tu, c'était trop beau, ma pauvre âme, vois-tu !
Pourtant, et tout d'abord, la volonté fut bonne ;
Mais nous n'étions pas faits pour jouer la vertu
Et nous avons laissé tomber notre couronne !

Que dirai-je de plus, ma pauvre âme ? Dirai-je
Qu'on peut toujours recommencer le même effort ?
Les pieds de tant de gens ont sali notre neige,
Qu'il faut s'y résigner, son éclat est bien mort !

Que dirai-je de plus, pauvre âme, que dirai-je ?

PROMENADE

Eh ! jeune homme distingué,
Nourrisson des belles-lettres,
Ne va pas te fatiguer
À chercher ta raison d'être !
      C'est assez
      Ressasser
Des bêtises dans ta tête !
Descends plutôt au bord des quais
    Fumer ta cigarette.

Vois, d'abord, comme il fait noir,
      Ce soir,
Tout le long des bateaux-lavoirs.
    Vois comme il ferait bon
    Sous les arches des ponts

Pour un cœur vagabond
Qui ne veut plus d'histoires !

La nuit d'été
Sur la cité,
La Seine sans bateaux-mouches,
Le petit
Clapotis
Du courant contre les bains-douches,
— Le tout sous la clarté stellaire ! —
Pareil spectacle est bien fait pour te plaire.

Et puis, voici
L'île Saint-Louis,
La plus tranquille,
La plus déserte de toutes les îles,
Sans Robinson, sans Vendredi,
Vaisseau manqué, jamais parti
Vers les Antilles !

Fais-en le tour, fais-en le tour,
Et reconnais ton âme sœur,
Car elle garde avec amour,
Au fond du cœur,
Le cri d'adieu des remorqueurs.

Allons, bon jeune homme, va-t'en,
Pour un instant,
Puisque ta journée est finie,
Donner cours à tes sentiments
Sous la voûte du firmament.

Demain, faudra gagner ta vie...

ÉPITAPHE

Un peu plus tôt, un peu plus tard,
Lorsque viendra mon tour, un soir,
Amis, au moment du départ,
En chœur, agitez vos mouchoirs !

Un peu plus tard, un peu plus tôt,
Puisqu'il faut en passer par là,
Vous mettrez sur mon écriteau :
« Encore un fou qui s'en alla ! »

AUTRES POÈMES

LA GARGOUILLE

RONDEL

Je suis une antique gargouille
Logée au sommet d'un clocher.
Je ne sais qui vint m'y percher…
Mes souvenirs, le temps les brouille.

Sous moi, très bas, la foule grouille.
De mon haut je la vois marcher…
Je suis une antique gargouille
Logée au sommet d'un clocher.

Quand il pleut fort, j'aime à pencher
Sur les gens que l'averse mouille
Mon bec crochu. J'aime à cracher,
Sur eux, mon eau pleine de rouille.
Je suis une antique gargouille
Logée au sommet d'un clocher.

(1903.)

FIÈVRE

Sur les galets plats, sur le roc qu'il lave,
Le torrent s'enfuit dans un remous blanc...
J'ai plongé mon front dans les eaux du Gave.
L'onde était très froide et mon front brûlant.

Le torrent est froid qui court vers la plaine
Descendant des monts mornes et glacés...
Mon front est brûlant car ma tête est pleine
D'âpres souvenirs, de tristes pensers...

Mais le flot brutal n'a point apaisé
Le feu dévorant de mes tempes lourdes.
Et l'onde attiédie à leur chaud baiser
A repris son cours et ses plaintes sourdes.

(1904.)

LES CHRYSALIDES

Dans mon obscur cerveau rampent des chrysalides ;
Des libellules d'or gisent en ces prisons.
Leurs ailes sont de la couleur des horizons
Où le soleil se perd au fond de mers limpides.

Elles voudraient s'enfuir ; leurs murs sont trop
[solides.
Sur elles planeront les jours et les saisons,
Sans qu'elles aient jamais, en frôlant les gazons,
D'espace et de lumière empli leurs âmes vides.

Alors elles mourront, lentement, peu à peu,
Et je rêve souvent à leur essaim de feu
Qui bientôt fanera comme les fleurs passées.

Mais quel soleil pourrait, ô mes faibles pensées,
Vous donner la vigueur de briser la paroi
De la larve pesante où vous êtes en moi ?

(Avril 1905.)

LES DEMOISELLES D'AUTREFOIS

Deux demoiselles d'autrefois
Rêvent au fond d'un cadre en bois ;
Elles regardent dans l'espace
Languissamment le temps qui passe
Tandis que leur pastel s'efface
Peu à peu comme un souvenir.
Elles suivent de leurs yeux pâles
Les heures lentes à mourir
Et les roses aux blancs pétales
Fanent dans leurs cheveux poudrés.
Mais je les aime et je voudrais.
Soulevant de mes doigts le verre
Qui les abrite de son mieux,
Poser mes lèvres sur leurs yeux,
Car je les aime avec mystère.
Deux demoiselles d'autrefois
Rêvent au fond d'un cadre en bois.

(Janvier 1906.)

LA PORTE VITRÉE

L'ombre du corridor obscur est éclairée,
Tout en haut, par le jour d'une porte vitrée
Aux carreaux de couleur, jaunes, rouges et verts.
Je suis l'enfant rêveur qui regarde à travers.

Son esprit maladif longuement se récrée
À voir sur le jardin une lueur dorée,
Une lumière glauque ainsi qu'au fond des mers
Ou bien un soleil pourpre ensanglantant les airs.

Il se plaît en ce monde irréel, où la vie
Semble douce à sa nonchalante rêverie,
Mais si la porte cède, il trouve avec effroi

Le jour gris de l'hiver, au lieu de ce qu'il croit,
Le vent aigre et mauvais, non la douceur amie,
Et dans son cœur qui souffre il sent entrer du froid.

(Septembre 1908.)

AU BOIS LAMBERT

ODE EN VERS BAÏFINS

Je te revois, ô bois Lambert, dans la douceur de mes
  pensées,
Les mouvantes frondaisons de rayons tremblants
  traversées,
Les oiseaux qui se jouaient auprès de tes sources
  glacées,
Les fantômes d'arbres morts qui nous écartaient
  du chemin
et l'esprit de la forêt qui me prit un soir par la
  main...
Bois Lambert, je me souviens que nous allions à
  l'aventure
Cueillir le myrtille noir en nous glissant sous ta
  ramure,
Émus des plaintes du vent, le cœur troublé par le
  murmure
des frênes parlant entre eux avec leur frémissante
  voix.
Le chant triste du coucou montait au plus profond
  du bois.

Sur la mousse des crapauds nous regardaient de
    leurs yeux glauques
et des chênes très âgés, aux longs manteaux de
    lierre en loque,
portaient des vols de corbeaux qui croassaient tous
    à la fois.
Bois Lambert, ô bois Lambert, comme jadis je te
    revois.
J'étais un petit enfant quand je m'égarais sur tes
    sentes.
Mais je n'ai rien oublié de toutes ces choses absentes
et ton ombre quelquefois, je crois, tremble encor
    sur mon cœur,
l'endormant de ses parfums, le faisant pensif et
    rêveur.

(Février 1908.)

LES FRÈRES AÎNÉS

Oh ! combien que j'eusse aimés
Avec toute ma jeunesse
Combien de frères aînés
Sont morts avant que je naisse !

Encore tout affamés
D'une éternelle tendresse
Combien se sont résignés
À ce bonheur qu'on nous laisse.

De notre sort mécontents,
Nous sommes, de tous les temps,
De vagues troupeaux sans étable.

Mes frères insoucieux,
Saurons-nous tourner les yeux
Vers le seul bien véritable ?

LA SOIF DE VIVRE

Sur la ville endormie et sa paisible rue,
L'odeur des prés fauchés dans la campagne, au loin,
L'odeur nocturne, dont toute l'ombre est émue,
M'enveloppe et pénètre en moi, me grise au point
Que je ne puis dormir et reste dans l'attente
De je ne sais quel mal dont mon âme a besoin,
Car ce soir est trop doux et la douleur me tente.

Je désire la vie éparse en ce moment
Où tant de joies et tant de plaintes ignorées
Se mêlèrent au souffle égal et pur du vent
Qui vient mourir ici aux rideaux des croisées.

PUISQUE TOUT S'ÉTRIQUE

Puisque tout s'étrique
L'âme et le cerveau,
Ah ! vivons pratiques
En ces temps nouveaux !

Plus de boniments,
Faites vos affaires !
Les beaux sentiments
Ne se portent guère.

Muse, pauvre Muse,
Va, c'est bien fini.
Dieu ! que l'on s'amuse
Au jour d'aujourd'hui !

LE BRUIT DES ARBRES

Le bruit des arbres se confond avec la mer
Dans un même éternel et reposant murmure,
D'un même mouvement s'inclinent les ramures
Et les voiles glissant vers l'horizon désert.

Le soir descend, alors que monte la marée.
L'odeur des bois se mêle à l'odeur des varechs,
Et sur les rochers nus et sur le sable sec
Passe le souffle froid de la nuit désirée.

La mer nous bercera lorsque nous dormirons
Au son confus et doux des vagues sur les plages,
Et le vent imprégné de sel et de feuillages,
Le vent, en s'apaisant, caressera nos fronts.

(1910.)

RETOUR

La chambre où me voilà de retour d'un voyage,
Close longtemps, sombre longtemps, n'a pas changé.
La poussière s'y réveille dans un nuage ;
La poussière est le deuil que prennent les objets.

Je le sais, tout cela va revivre avec moi.
Ma lampe aura le soir sa même lueur blanche
Et les livres aimés pencheront sur leurs planches.
J'allumerai du feu lorsque viendra le froid.

Mais que m'importe la tristesse des retours !
Et l'éternelle ressemblance de mes jours !
Ce que je cherche et que j'attends n'est pas en eux
Ni dans tout ce qu'on voit et puis que l'on oublie.
Le bonheur désiré sera si lumineux
Que le reste paraîtra l'ombre de ma vie.

(1910.)

VASTE COMME L'APPEL

Vaste comme l'appel des mers et des espaces
Ou des mouettes frappant les flots,
Perdu comme la voix du navire qui passe
Sur les horizons sans écho.

Un navire en partance a jeté dans la rade
Un cri qu'il n'avait jamais eu,
Ouvrant parmi le ciel où le soir se dégrade
Tout un monde ailleurs inconnu.

Ce jour était un jour des chaudes colonies,
Un jour implacable et sanglant
Et je laissais tanguer ma lourde rêverie
Au bruit des flots, au bruit du vent.

Étais-je des Grieux en habit de naguère
Tenant entre ses bras Manon,
Alors qu'il s'enfuyait vers la rive étrangère,
Oubliant tout dans son pardon ?

Étais-je l'inconnu qui partait pour les îles,
Ainsi que l'on disait alors,

N'emportant avec lui que la vie inutile
Et les rêves de poudre d'or ?

Je connaissais les noms des agrès et des mâts,
Ces mots de la marine ancienne
Qu'on entendait sonner les jours de branle-bas
Et les jurons du capitaine.

On avait déployé les voiles de fortune
Après l'orage tropical,
Et le vent chantonnait, en haut, parmi les hunes,
Un vieil air du pays natal.

Ce ne fut qu'un instant de rêve sur le port,
Mais j'ai senti cette existence
Qui revenait en moi d'aussi loin que la mort
Au cri d'un navire en partance.

(Vers 1910.)

CANAAN

Quand nous aurons suivi les désirs qui nous mènent,
Connaîtrons-nous, un jour, la fin de notre peine ?

Au bout des routes sans amour, comme ils sont loin,
Les bonheurs fabuleux dont notre âme a besoin !

Pays de Canaan, promis aux cœurs avides,
Vers toi nos seuls désirs nous ont servi de guides.

L'espoir toujours plus lourd et plus morne qu'avant,
Nous parcourons en vain des chemins décevants,

Sans fraîcheur pour nos fronts, sans pitié pour nos
                                                    [lèvres,
Et sans la source vive où s'éteindraient nos fièvres.

Mais nos désirs marchent devant, impérieux,
Et nous allons, pauvres troupeaux, fermant les yeux.

LE DÉCEVANT AMOUR

Le cœur encore vierge et qui se croit lésé
Réclamera la part que veut sa destinée,
Appelant à grands cris les stériles baisers
Du décevant amour pour lequel l'âme est née.

Le cœur plus grave sait, parce qu'il a souffert
Du désir immortel d'une forme éphémère,
Que toute étreinte est vide et que l'amour se perd
Avant qu'il ait jamais possédé sa chimère.

Si la pluie, au printemps, ranime les gazons,
Elle fera mourir, en automne, les feuilles,
Il est vain de chercher d'inutiles raisons
Au fragile destin du plaisir que l'on cueille.

Il faut tendre la voile au premier vent du ciel ;
Il faut saisir le fruit alors qu'il se détache,
Lorsqu'on trouve l'amour, il est essentiel
De détourner les yeux de l'ombre qu'il nous cache.

EXAMEN

Somme toute, je suis sincère
Plus qu'il n'y paraît tout d'abord ;
Mais je conviens que mon grand tort
Est de m'inventer des chimères.

Je m'accroche à des tas d'ennuis,
Je m'égratigne à des vétilles,
Et je me pique aux mille aiguilles
Dont est cousu chaque aujourd'hui.

Oh ! qui donc me délivrera
De ce cœur par trop chimérique,
Imbu de vague rhétorique,
De romantisme, et cetera ?

DIMANCHES DE BANLIEUE

Dimanches de banlieue et retour en troisième,
Limonade et vin blanc, tous les plaisirs que j'aime.

Ô les goguettes, les goguettes, les goguettes !
Artilleurs langoureux cueillant des pâquerettes !
Grand'route, grand soleil, amour et bicyclettes !
Tous les clairons chantant : « As-tu vu la casquette ? »
Une petite amie, un peu maigre, qui dit :
« Quel dommage, mon vieux, que demain soit lundi ! »

Dimanche de banlieue et retour en troisième !
Puis là-haut, tout là-haut, la lune : diadème.

(Novembre 1911.)

IL PERLE DANS LE SOIR...

Il perle dans le soir des gouttes de lumière,
une rosée avec des lueurs d'astre éteint,
éparse çà et là, sous les feuilles de lierre,
sur le bois des massifs, au pied du laurier-thym,
et près du bassin calme en sa vasque de pierre.
Chaque flamme immobile au mystique halo
apparaît vaguement dans une clarté verte
comme un reflet mourant de planète sur l'eau,
comme un regard humide au travers d'un sanglot...
Ce sont des vers luisants et leur splendeur inerte...

Il pleut dans le soir bleu des gouttes d'harmonie,
Oh ! si douces, avec leur tristesse infinie.
Elles tombent très près ou très loin, on ne sait,
une à une glissant sur l'herbe encore chaude
et tintant doucement dans le fond du fossé,
soupirs désenchantés de quelque esprit lassé
ou larmes sans espoir de quelque âme qui rôde.
Toujours le même son – une note flûtée
qui s'arrête, indécise, et sitôt arrêtée
repart en hésitant, n'ose chanter plus fort

et donne l'air, à peine, un frisson d'eau qui dort.
C'est la voix des crapauds sur le bord de la route...

Il neige dans le soir du rêve, goutte à goutte
et les flocons légers se posent sur mon cœur.
L'ivresse se distille à petits coups, de peur
si l'âme s'en gonflait, de l'empoisonner toute.

I

La mer des soirs d'été s'effeuille sur le sable.
Oh ! ce bruit d'un baiser éternel, inlassable,
Dans la chambre où j'écris comme il emplit la nuit !
Mes rêves effacés se confondent en lui.

La cigale a chanté, puis s'est tue. À cette heure,
Seul le rythme alterné de l'Océan demeure
Et le parfum du sel sur les rochers marins
Et la douce fraîcheur des septembres sereins.

L'astre clair, sur la mer, comme un trésor se vide.
Il coule entre les flots de la lune liquide.
Si j'étais un marin d'autrefois je prierais
Séléné, la déesse vierge aux yeux dorés ;
Je lui demanderais le vent propice et doux
Qui fait cingler la barque en un joyeux remous
Vers le large et voler l'écume sur les rames.
Je lui demanderais l'apaisement des larmes.

II

La mer est un miroir où le ciel se reflète ;
Le ciel est un miroir qui ne reflète rien.
Sur la mer on a vu des navires en fête
Et dans le ciel de lents voiliers aériens.

Le silence que font tant de bruits confondus,
Les cigales, le vent et les vagues des plages,
Semble écraser sous lui jusqu'aux lointains perdus
Les pins noirs de clarté sur les dunes sauvages.

Buvant avec le vent tout le sel de la mer,
C'est là que j'ai conduit mon rêve et ma pensée
Pour mieux les exalter, après avoir souffert
Les inutiles maux de mes vaines journées.

III

Un port, c'est le commencement de l'inconnu,
D'où, tels que les désirs blessés sont revenus
Les navires, insoucieux des traversées,
Traînant le songe épais et lourd de leur fumée,
C'est le commencement de la mer ignorée...

Un port, c'est le départ, l'attente et le retour.
Un port, c'est tout le grand désespoir de l'amour
Et c'est sa joie et c'est son goût de l'aventure,
C'est la crainte des flots et l'appel des mâtures.

L'exil a mis de l'ombre au front des passagers
Et les yeux des marins sont des ciels étrangers.

On devine l'odeur des terres exotiques
Parmi les caisses, les ballots et les barriques.

Tous les pays sont là, pareils aux souvenirs,
Tous les pays que dans son âme on croit tenir
Comme un secret recueil de divines images
Où meurent des couchants, où passent des nuages
Des trois-mâts sont partis, toutes voiles dehors,
Vers l'écume du large et l'Étoile du Nord.

IV

Il a plu tout un jour de grisaille et de brume,
Pareil à mon esprit tranquille et résigné
Qui se trouve chez lui sous le ciel déblayé.
Il a plu tout le jour et les vitres s'allument ;

Il a plu tout le jour et ce n'est pas fini...
Avant l'heure, l'après-midi lente s'achève ;
À tant de souvenirs mon cœur s'est rajeuni.

Ô pluie, avec tes fils, que j'ai tissé de rêves !
Ô pluie, avec tes mille et mille gouttes d'eau,
Quels magiques dessins j'ai vus sur les carreaux !
Ô pluie, avec ta voix toujours inapaisée,
Quelle musique d'autrefois j'ai composée !
Ô pluie, en t'écoutant pendant cette journée,
Que tu m'as rappelé de choses !
                                        Dans le port
De la ville pluvieuse de mon enfance,
Les navires jetaient des cris de délivrance
Lorsqu'ils prenaient le large, emportant à leur bord,

Parmi leur cargaison, mon âme désireuse
De soleil, d'Océan et de terres heureuses.
La pluie était semblable à celle d'aujourd'hui ;
Avec sur les pavés ce monotone bruit
Où les passants glissaient comme des ombres vaines ;
Mais le brouillard du soir se perçait de sirènes !

Et puis, dans le jardin, au cœur des étés mous,
Que le parfum de la terre humide était doux !

STANCES

Puisque toute saison est pareille à l'hiver
Pour ton cœur sans désirs et que l'amour délaisse,
Regrette ce qui fut ta force ou ta faiblesse
Lorsque tu pris la vie entre tes bras ouverts.
Ne cherche plus les mots que tu ne peux redire ;
Le silence est ton frère et l'orgueil ton ami.
Reste seul à jamais et range-toi parmi
Ceux que l'on croit heureux quand on les voit sourire.

Pourquoi nous réveiller des nuits où le cœur las
Du silence éternel s'était fait un royaume
Et que sert de chercher en de nouveaux arômes
Le secret d'un amour qui ne refleurit pas ?
Chaque aube, détruisant l'oubli, ne nous apporte
Qu'un jour pâle et sans joie à notre âme pareil.
Il ne suffirait pas d'un plus jeune soleil
Pour rendre, un seul instant, leur vie aux feuilles
                                    [mortes.

ÉTÉS

Attendus au printemps, regrettés dès l'automne
Nos plus vastes étés ne furent qu'un instant
Dont notre âme, rentrée en sa torpeur, s'étonne
De n'avoir pu garder qu'un souvenir brûlant.

Étés si désirés en nos cœurs sans courage
Le calme de vos jours semble arrêter le temps,
Comme un navire sur la mer, lorsque le vent
N'a plus la force de chanter dans les cordages.

Votre ardeur se répand comme un peu de gazon,
Vos chemins sont déserts et vos sources taries,
Et vous ne nous laissez, ô cruelles saisons,
Que le parfum séché de vos herbes flétries.

LA VOIX D'UN TRAIN

La voix d'un train, au loin, a rayé le silence
Et troublé l'âme triste et douce de la nuit
Tu n'es plus déjà que quelque chose d'enfui
Laissant l'inquiétude vague d'une absence.

Tout à l'heure des chiens pleuraient dans les jardins
Lorsqu'une lune neuve au ciel est apparue.
Maintenant le dernier pas s'éteint dans la rue,
Plus rien à l'horizon que le sifflet des trains.

Toute la nuit, toute la nuit je les entends.
Leur voix qui se prolonge et persiste longtemps
Comme un appel mystérieux dans l'étendue
Parle encore à mon cœur alors qu'elle s'est tue.

Je pense aux voyageurs engourdis de sommeil ;
Ils ne voient que la nuit par les vitres salies
Et des signaux rouges et verts, toujours pareils.
Ils laissent retomber leurs têtes alourdies.

Je pense aux longs arrêts dans les petites gares,
Aux pas que l'on entend résonner sur le quai,

Aux voix brusques heurtant des rêves fatigués,
Aux troubles visions qui passent, puis s'égarent.

Je pense aux inconnus qui s'en vont ; à la vie
Toujours présente et qui ne veut pas qu'on l'oublie.
Et j'écoute ces cris lointains, comme un remords
Sur cette ville silencieuse qui dort.

LA HALTE

SONNET

La grand'route maigrit vers le lointain. Mon frère,
Elle paraît sans fin. Vois, nos souliers sont gris
De poussière, nos pieds saignent las et meurtris ;
Notre gorge est en feu, notre salive amère

Respirons un moment la fraîcheur de la terre
Qui monte des sillons et calme nos esprits.
Les hirondelles fuient en poussant de grands cris
Car la nuit va venir bientôt – tout va se taire...

Mon frère asseyons-nous sur le bord du chemin
Et buvons à la gourde en peau de bouc ; le pain
Que nous achèterons en passant au village

Suffira largement à tromper notre faim ;
Et puis nous dormirons sous le ciel sans nuage
En attendant le jour, pour repartir demain.

LES ÉTINCELLES

SONNET

Sortant hors des charbons ardents, les étincelles,
En poudre d'or, sur le foyer, brillent et puis
S'éteignent. Dans leur danse étrange, je les suis
Du regard, en rêvant à leurs splendeurs trop frêles.

Je songe à des espoirs qui, lumineux comme elles,
Comme elles vers le ciel, ivres, se sont enfuis
Et puis se sont éteints dans de brutales nuits
Pour avoir souhaité des beautés irréelles.

Les étincelles vont, quand leur essor se brise,
Tout d'un coup, retomber en cendre grise
Sur le feu qui forma leurs essaims éclatants.
N'est-ce pas, quelquefois, votre impalpable cendre
Que, lentement, le soir nous sentons redescendre,
Si froide sur nos cœurs, espoirs des autres temps ?

CONTES

City of Benares

Il arriva que le *City of Benares*, trois mâts franc, devint un jour son seul maître après Dieu sous le ciel et sur la mer.

L'aventure qui lui valut, sans autre mal, de perdre son équipage, n'a pas laissé de traces dans la mémoire des hommes.

On peut supposer (mais rien n'est moins certain) que les matelots et le subrécargue, descendus avec des barils et des outres, pour faire de l'eau, sur la côte d'une île d'Océanie, furent réduits en servitude par des peuplades fanatiques et tinrent lieu d'holocauste à quelque divinité de bois peint. Mais comment expliquer que ni le capitaine (il a laissé, paraît-il, une vieille mère aveugle et sans ressources dans un faubourg de Londres), ni le mousse (un enfant trouvé), ni même Sam (le cuisinier nègre et hilare, originaire du sud de l'État de Virginie), ne furent jamais signalés dans aucun pays, en rade d'aucun port, en partance sur aucun navire, ivres morts dans aucun cabaret du monde entier ? Le cas, unique dans les annales de la marine marchande, est jusqu'ici resté voilé du plus impénétrable mystère.

Le *City of Benares* n'était pas fait, quoi qu'il en soit, pour représenter, durant une existence, les intérêts de la maison Habburton and Cᵒ limited, d'Édimbourg (laines d'Australie) avec l'espoir, à la fin de ses jours, d'une retraite aléatoire comme ponton embarcadère sur la Tamise. La courbe de son étrave et l'inclinaison de ses mâts, sa précision à tenir le vent au plus près, et sa souplesse à monter à la lame, l'apparentaient aux plus fins voiliers de la Compagnie des Indes. De telles dispositions eussent incliné sa vocation naturelle vers la course ou le trafic du bois d'ébène, sans l'injustice des circonstances qui le vouèrent à la monotonie d'un commerce au long cours, mais de peu d'éclat.

Aussi, lorsqu'il n'entendit plus sur son pont et dans les profondeurs de sa cale que le travail sourd du bois et les courses brusques des rats, et dès qu'il ne connut plus à sa fantaisie d'autre limite que la circonférence immuablement parfaite de l'horizon, le *City of Benares* étira-t-il ses vergues dans un geste de grand délassement.

Pendant tout un après-midi de calme plat, il somnola, dérivant doucement sur un courant inconnu, tandis que la mer, où des vols de mouettes s'étaient posés en rond, réverbérait le soleil dans tous les sens par l'agitation continuelle de ses miroirs dansants. La brise ne fraîchit qu'à la tombée de la nuit. Le trois-mâts hésita un instant, cherchant le vent. Puis, penché brusquement sur bâbord, il reçut le souffle dans ses voiles qui claquèrent, et, retroussant à la proue une aventureuse moustache d'écume, s'enfuit sous la clarté de cette lune, qui, même par les nuits les plus chaudes, a toujours l'air d'avoir froid.

Il se disait : « Au-delà de tous les continents et de la lumière nocturne du dernier phare de la dernière côte doit s'étendre un océan plus stérile et plus beau que les plus déserts où j'ai laissé mon reflet et tracé mon sillage. Le rythme des houles parallèles s'y trouve réglé par l'haleine perpétuelle des alizés. Là s'arrête, avec tout négoce, le royaume des hommes, et commence le pays des vaisseaux libres et des épaves abandonnées qui ne craignent plus ni bonace, ni saute de vent, ni trombe, ni cyclone, ni typhon. »

Le *City of Benares*, dans sa naïveté de navire en bois, partit ainsi à la recherche du bout du monde.

On ne peut préciser combien de temps il poursuivit sa chimère et joua le rôle du « Grand Voltigeur Hollandais », hors de tous les chemins battus de la mer. Il naviguait sur ses basses voiles, l'usure ayant détruit les parties élevées de la mâture. Sa carène, alourdie peu à peu, s'enfonçait dans les flots presque jusqu'au pavois. Il était plus délaissé que les ruines dont il portait le nom prédestiné. Aucun requin ne le suivait. Le dernier avait péri de faim en son attente d'un mousse problématique tombant dans l'angle du sillage.

Quelquefois, pourtant, des oiseaux marins se reposaient sur son pont maculé de leur fiente. Mais ni les eiders des régions polaires, qui établissent leur précaire demeure sur les glaçons, ni les frégates qui dorment en planant, ni les cormorans qui pêchent à la nage, soulevés comme des galères par les grandes vagues d'équinoxe, ni les goélands, dont le vol annonce l'orage, ni les mouettes, dont l'aile, sur les tableaux de marine, a toujours la forme d'un accent circonflexe, ni même les pétrels qui sont fous, n'auraient choisi pour y déposer leur couvée ce point mouvant sur l'infini.

Après qu'il eut croisé en vue de bien des terres ignorées, dont aucun livre de bord ne porte la mention et qu'il eut traversé des océans verts, des mers bleues, violettes, grises ou blanches, le *City of Benares* conçut cette notion désolante par laquelle commence l'instruction rationnelle des enfants des hommes sur les bancs de l'école primaire. À force de tourner autour du monde il se rendit compte de la vanité de ses recherches, et que la terre n'est qu'une boule, légèrement aplatie – dit-on – aux pôles.

Dès lors il ne lui restait plus qu'à choisir sa mort, seul moyen de reculer les bornes d'une planète trop limitée.

Au large des îles de la Sonde, sur une mer très calme, dont la couleur plus sombre laissait prévoir un abîme, tout droit, les vergues en croix, il coula par six milles brasses de fond.

Depuis longtemps la valeur marchande du *City of Benares* était inscrite à profits et pertes sur le grand livre de la maison Habburton and C° limited, d'Édimbourg (laines brutes d'Australie).

Les pétrels

Il faut dire, avant toute chose, que les pétrels sont des oiseaux myopes. On attribue à cette infirmité congénitale l'incertitude de leur vol ainsi que leurs mœurs à la fois imprudentes et timides. Le fait même qu'ils vivent dans un milieu un peu flou et dont l'éclairage laisse à désirer expliquera peut-être, s'il ne l'excuse, l'entreprise hors du sens commun dans laquelle ils se jetèrent un jour sans raison valable.

Il pouvait être sept heures du soir et les pétrels se reposaient sur le sable tiède d'une plage peu fréquentée, au long de cette limite d'écume que la mer trace d'habitude à ses conquêtes illusoires avant de redescendre. Un chasseur de mouettes et son chien les eussent pris, de loin, pour des pierres blanches alignées parmi d'autres débris. Quelques méduses miroitaient encore çà et là ; une flaque reflétait un nuage ; un navire paraissait immobile à l'horizon.

Arrondi, enfin, tel qu'une grosse lune aveuglante, le soleil – il brille, hélas ! pour tout le monde – se disposait à tomber dans l'eau devant son public habituel des stations balnéaires, attentif à ne pas manquer le rayon vert final.

Mais les pétrels, qui savent combien la nuit leur est plus profonde qu'aux autres oiseaux, sentirent en eux une grande tristesse. L'un se leva, dressant le cou, et poussa une plainte brève. Les autres, au signal, battirent silencieusement des ailes, sans quitter le sol, comme pour écarter l'ombre. C'était une ancienne coutume qui leur restait des âges superstitieux, presqu'une religion à laquelle ils ne croyaient plus. Ce rite accompli, les pétrels auraient dû songer, ainsi que chaque soir, à s'endormir sur une patte, oublieux du jour fini, certains d'un lendemain identique. Aucun, même parmi les plus âgés, ne donna l'exemple de la sagesse. Ils ne surent pas détourner leurs regards du soleil qui s'attardait indéfiniment à tous les détails du cérémonial prescrit à son coucher.

Alors, pareil à l'inquiétude qui vers certaines époques saisit et rassemble les tribus migratrices, un désir subit et plus fort que la raison les fit courir, foule maladroite, sur la pente douce de la plage, jusqu'à la mer. Là, toutes les ailes s'ouvrirent ensemble ; et le vol, hésitant au-dessus des premières vagues, puis formé en triangle régulier et ramant l'air à la cadence de la chanson des grands voyages, fonça tout droit sur les vestiges éblouissants de la lumière. Il doubla la ligne avancée des récifs qui semble surgir ou s'affaisser selon la respiration lourde du flot. Il croisa une barque de pêche qui rentrait au port, à peine inclinée par le vent et dont un flanc était rouge, et l'autre noir de crépuscule. Les phares s'allumaient en clignant des yeux, un à un, le long de la côte.

D'abord les pétrels cinglèrent presque au ras des lames dont leurs ailes grand ouvertes ont depuis longtemps « comme celles de tous les oiseaux de mer », emprunté la courbe. Les moutons du large fuyaient sous eux en troupeaux éperdus. Un goéland, qui planait très haut, traça dans le ciel un cercle indifférent, puis s'éloigna sans comprendre. Des marsouins, qui sautaient hors de l'eau et croyaient ainsi ressembler aux dauphins du poète Arion, les suivirent un instant, cherchant à deviner quelle proie les attirait si loin ou quel danger leur causait tant d'effroi. Mais les pétrels ne rencontrèrent pas – on l'a regretté souvent – le cormoran sagace et de bon conseil, qui leur eût dit : « Oiseaux myopes, vous n'avez pas la notion des choses ! Allez dormir ! Allez dormir ! Un soleil perdu ne se rattrape pas. »

Ils s'élevèrent jusqu'aux régions de l'espace d'où l'Océan s'arrondit et semble pacifié. L'Occident y conserve dans la nuit une pâleur qui le distingue des autres points de l'horizon désignés par la rose des vents. Ils passèrent dans l'ombre épaissie comme une rafale blanche d'ailes et de cris. On dit même qu'ils déchirèrent sans le vouloir un nuage isolé de la caravane, qui attendait le jour pour reprendre sa route vers les continents. Mais bientôt ils se virent enfermés dans les limites de cet hémisphère uniformément nocturne que givre seule, en haut, la froide géométrie des étoiles. Dès lors, il leur fallut chanter plus fort pour rassurer leur foi que ne guidait plus aucune trace de clarté.

Quelques-uns, épuisés à la longue, se détachaient brusquement du groupe pour tomber, comme un coup de fusil, la tête en avant et les ailes pliées. D'autres avaient des gouttes de sang qui perlaient à leur bec et s'éparpillaient aussitôt dans le vent. Tous les plumages étaient froissés et l'on rapporte que cette nuit-là il neigea des duvets sur la mer. Rien ne put vaincre l'espoir têtu de la race ignorante et bornée.

Le petit nombre qui, paraît-il, survécut à cette aventure n'a pas encore compris comment le soleil, qu'ils poursuivaient depuis la veille, les surprit par-derrière au lendemain matin. Aussi la réputation des pétrels se trouve-t-elle aujourd'hui définitivement établie.

Beaucoup, par les nuits de grand vent, s'écrasent la tête contre la lanterne éclatante des phares.

La mort de Sancho

C'est un fait avéré – puisque le notaire et le curé, personnes dignes de créance, en ont témoigné – qu'Alonzo Quijano le Bon, plus connu sous le nom de Don Quichotte, décéda naturellement dans son lit, après avoir légué ses biens, meubles et immeubles, à sa nièce Antonia.

Par contre, on ignore encore comment mourut Sancho Panza. Le sage Cid Hamed Ben Enjeli lui-même reste muet sur les événements qui marquèrent les derniers jours de cet écuyer fidèle. Malgré le caractère apocryphe des seuls documents que nous possédions à cet égard, nous ne pouvons donc moins faire que de les livrer à la curiosité du lecteur bénévole.

On aurait tort de croire que Sancho Panza demeura insensible au trépas du chevalier son maître. Il serait faux, toutefois, de prétendre qu'il ne se trouvât point parfaitement heureux, après tant d'aventures, entre sa femme Thérèze, sa fille Sanchica et son âne. Aussi, pendant plusieurs jours, essaya-t-il en vain d'évaluer la part qu'il devait à la tristesse et celle que réclamait sa joie. Parmi les nombreux proverbes dont, jusque-là, il s'était composé, tant bien que mal, une sagesse, aucun, n'offrait, semble-t-il, de formule définitive capable de lui rendre la sérénité. Mais, avec le temps qui élime les regrets et du bonheur fait, à la longue, une habitude pareille aux autres, Sancho retrouva son état normal – c'est-à-dire exempt d'émotions inutiles. Il reprit, une à une, ses occupations rurales. Il sut faire oublier ses erreurs passées. On le compta, désormais, au nombre des honnêtes gens qui s'en remettent à Dieu et au roi pour le rétablissement de la justice sur la terre et à la Sainte-Hermandad pour le maintien du bon ordre parmi les hommes. Il ne devait, du reste, rien à personne. Des mœurs régulières, une saine nourriture, l'absence de soucis, favorisaient, sur son heureuse physionomie, l'épanouissement de sa santé physique et morale.

Les jours de fête, il allait rendre ses devoirs à Antonia Quijano, maigre et vêtue de deuil, qui vivait demoiselle avec la gouvernante de feu son oncle, dans l'antique et froid logis dont plusieurs fenêtres restaient à jamais fermées. Le soir, en revenant des champs, il s'arrêtait au cimetière pour se signer sur la tombe du défunt. Mais il ne s'attardait guère en ces lieux où l'ombre attristait sa pensée.

— Mari, lui demandait parfois Thérèze, quand donc penserez-vous employer les écus d'or rapportés de votre dernier voyage pour surélever d'un étage notre maison ?

— Ma femme, répondait Sancho, Tolède ne s'est point bâtie en un jour et le pivert de la Sierra Morena construit son nid petit à petit. D'ailleurs, comme l'on dit, mieux vaut l'aisance sous le chaume que la gêne sous les lambris.

— Père, lui demandait d'autres fois sa fille, quand songerez-vous à m'établir avec mon cousin Pedro ?

— Sanchica, répondait Sancho, ne te mets point en peine à ce sujet. Chacun trouve toujours chaussure à son pied et bonnet à sa tête. Ton cousin Pedro ne possède pas quatre maravédis de patrimoine, tandis que le fils de notre voisin le corroyeur, malgré ses cheveux roux, fera fort bien ton affaire, sitôt qu'il aura recueilli l'héritage de son oncle l'hôtelier. À mari donné, vois-tu ma fille, l'on ne regarde pas la couleur du poil.

Quand il n'avait personne avec qui raisonner, Sancho s'adressait à son âne. Il lui parlait à cœur ouvert, comme à soi-même, bien sûr d'être compris. Il faisait seul tous les frais de l'entretien, ce qui lui plaisait, n'aimant guère la contradiction.

— Mon âne, disait-il, tu n'es qu'un grison et ton bât n'est pas une selle. Écoute les conseils que me dicte mon expérience : les moulins à vent portent des toits, non pas des casques en acier. Leurs ailes (plus utiles que celles des oiseaux) ne sont pas des bras menaçants, mais tournent au vent propice. Leur cœur est formé d'une pierre dure qui écrase le blé pour le réduire en cette farine dont on pétrit le pain qui se mange. Retiens encore ceci : aussi vrai que deux et deux font quatre, un troupeau n'est point une armée ennemie, une paysanne n'a rien d'une princesse, un plat à barbe doit conserver sa destination et tout malfaiteur mérite les galères.

Enfin, par son esprit positif, Sancho sembla se concilier définitivement les bonnes grâces des enchanteurs qui si souvent, naguère, avaient maltraité Don Quichotte. Les jours se suivaient, pareils aux petites vagues d'une mer très calme qui reflète le ciel vide.

Sa maison se haussa d'un étage, en temps voulu. Sa fille fit un bon mariage. Sa femme perdit toute ombre de jalousie. Seul son âne trompa son amitié, car il fut trouvé mort un matin, dans l'écurie. Les historiens ont négligé de rapporter le nom de ce personnage muet. Sans doute suffisait-il, pour la postérité, qu'il fût « l'âne de Sancho ». Mais son maître, qui le pleura, ne put jamais le remplacer. Le successeur qu'il lui donna secouait les oreilles, comme pour écarter les mouches, dès qu'on lui parlait sérieusement.

Lorsque Sancho Panza fut devenu très âgé, il abandonna la charrue pour ne plus quitter sa demeure. Il plaça un banc de bois devant la porte, sur la grand'route et se fit une occupation de regarder passer les hommes, les bêtes et les voitures. Sa corpulence ressemblait à de la majesté. En discourant il se trompait de mots et souvent oubliait de terminer ses phrases. Mais, vu ses cheveux blancs, chacun l'écoutait avec respect.

Il se souvint alors – non sans en tirer vanité – qu'il avait gouverné une île, jadis, il ne savait plus où.

Une nuit d'été, le chant des grillons le tint longtemps les yeux ouverts. Il sortit sur le seuil. La lune dépassait les arbres. D'un éclat jaune elle brillait, écornée comme l'armet de Mambrin.

Sancho rentra, battit le briquet, ouvrit un bahut. Il prit, pour la revêtir, la tunique de bouracan parsemée de flammes peintes, qu'il avait portée chez le Duc, lors de la résurrection de la belle Altisidore. Il coiffa, de même, la mitre pointue chamarrée de diables. Puis il s'en fut à travers la campagne, trébuchant contre les pierres, et pénétra jusqu'au milieu de la forêt. Là, il s'étendit au pied d'un chêne-liège. Les bruits nocturnes le firent tressaillir de peur et d'allégresse.

— Que votre grâce dorme tranquille sous son armure, dit-il avant de s'assoupir. J'ai mis l'entrave à Rossinante pour qu'elle puisse brouter tout à son aise, sans s'éloigner.

Vers l'aube, des cris d'oiseaux le réveillèrent ; une lueur rouge s'infusait parmi les troncs des arbres. Un chevrier, dans la plaine, rassemblait son troupeau en soufflant dans une corne.

— Le son du cor, seigneur chevalier de la Triste-Figure, s'écria Sancho. Je crois que voilà

pour nous une nouvelle aventure, une bien nou-
velle aventure.

Puis il retomba sur le gazon. Tout porte à
croire qu'il mourut sans souffrance, puisqu'il
avait enfin connu la sagesse.

Le piano droit

Mlle Céréda déménageait.

Elle avait fixé ce samedi-là depuis longtemps, mais négligé de fixer une heure au voiturier.

Dès l'aube, elle se tint prête. À midi, elle déjeuna d'un peu de charcuterie, comme en voyage ; le soir, son estomac fermé refusa toute nourriture. Au long de cette journée, vouée à l'inquiétude de l'attente ainsi qu'au malaise du provisoire, chaque pas dans l'escalier lui fut une espérance et chaque coup de sonnette une désillusion. Il faisait nuit lorsqu'elle vit, n'y croyant plus, deux inconnus s'arrêter sur son palier, la casquette à la main, trop polis pour des gens sobres.

Le mobilier de Mlle Céréda n'était pas composé de ces bibelots charmants et compliqués qui serviraient à réaliser – s'il se pouvait – notre rêve familier d'un intérieur élégamment et intimement Louis XV. Aussi tout se passa-t-il vite. Ne laissant après lui que quelques brins de paille éparpillés, le déménageur s'en fut dans les rues obscures, ballotté derrière un cheval, qui, s'il n'eût pas été blanc, aurait décemment convenu à des funérailles d'indigents.

Mlle Céréda suivait, résignée, le convoi ; le souffle nocturne gonflait sa jaquette beige, de la race des vêtements fidèles qui meurent, mais qui ne se rendent pas, même sur le corps amaigri des vieilles demoiselles, professeurs de musique de chambre.

Les deux déménageurs, qui, après tout, avaient le vin très doux, rétablirent dans la demeure nouvelle tout le confort qu'ils avaient détruit dans l'ancienne. Une bougie, fixée sur le marbre trop bien imité de la cheminée et reflétée dans le halo d'une glace qui en avait vu bien d'autres, éclaira leur travail habituel. Ils revissèrent le lit, déballèrent la toilette et calèrent la commode dans son coin ; puis, en personnes qui s'y connaissent, ils distribuèrent les chaises et pendirent au mur un agrandissement photographique rehaussé de fusain, image très ressemblante d'un défunt indifférent.

Il ne restait plus que le piano, confié en bas à la vigilance du cheval triste. C'était un piano droit destiné depuis les origines à enseigner des airs de mazurka au petit commerce parisien. Des passants attardés et les clients du bar voisin regardaient le cheval et le piano à la clarté d'un réverbère : « Il faut être un musicien pour déménager à pareille heure ! Ces artistes ne peuvent jamais faire comme les autres. »

Saisi enfin par quatre bras vigoureux, le piano, heurté contre le bord du trottoir, rendit un son bien en harmonie avec cette soirée d'automne et qui pénétra profondément dans l'âme de Mlle Céréda. Mais à peine disparus sous les portes de l'immeuble, les porteurs débraillés du correct instrument de musique réapparurent avec leur fardeau, pour expliquer, non sans quelque verbiage, que, vu le peu d'ampleur des tournants de l'escalier, il leur serait impossible de venir à bout de leur entreprise par les moyens ordinaires.

Cependant, la pluie que les journaux du matin avaient annoncée à leur quatrième page, en même temps que la fête à souhaiter, se décida brusquement. Il convenait donc de prendre un parti au plus vite. Chacun donna son avis et prodigua ses conseils. Seule, Mlle Céréda ne fut pas écoutée. On s'en remit, en définitive, à l'opinion du concierge, dont la compétence était généralement reconnue dans le quartier. Il n'hésita pas à prescrire le système audacieux des palans et des câbles. Du geste, il indiquait une fenêtre mansardée du cinquième étage, perdue dans l'ombre.

On convint du lundi pour la date de l'opération. Le piano droit reçut un abri dans la loge, et vers les minuit, Mlle Céréda put prendre possession de son logis où la bougie s'éteignit, après un dernier spasme dès que la porte fut refermée.

Le lundi matin, les deux déménageurs, accompagnés d'un charpentier, d'un serrurier et du concierge, directeur des travaux, se présentèrent de fort bonne heure. Ils portaient des poulies, des cordes et des poutres. La vieille demoiselle les reçut, auprès d'une malle entrouverte, comme elle achevait à peine de rajuster ses mèches grises sous son bonnet.

Les préparatifs durèrent jusqu'à midi… On eût dit que Mlle Céréda, après avoir fait enlever le châssis de la croisée et desceller le modeste balcon de fonte, voulait établir à sa fenêtre un appareil de balistique renouvelé des guerres de l'antiquité. Le piano quitta le sol et s'éleva avec aisance, au rythme des « oh ! hisse ! » scandés par le concierge. Sa grande ombre balancée piqua la curiosité de l'atelier de modes de l'entresol, « Au Caprice des Dames » ; elle causa quelque surprise à la jeune bonne du premier, qui, née loin du tumulte des métropoles, avait gardé de son enfance un visage facilement émerveillé ; elle troubla dans ses travaux la sage-femme du second et donna le vertige à tous les locataires des étages supérieurs. Mais une fois à bonne hauteur, le piano, de quelque manière que l'on s'y prît, placé de face, de profil, ou de trois-quarts, verticalement, obliquement ou horizontalement, ne put pénétrer par l'orifice prévu et dut redescendre avec d'infinies précautions.

Dès lors et pour longtemps, le « home » de Mlle Céréda se trouva transformé en un chantier sonore du bruit des outils et du chant mâle des travailleurs. Le professeur perdit une à une ses dernières élèves de solfège. Un jour, pourtant, les maçons eurent élargi suffisamment la fenêtre et l'on put espérer que le piano irait reprendre sa place devant le tabouret à vis qui l'attendait à côté de la cheminée.

Ce jour-là, le résultat fut définitif, mais, contraire à toutes les prévisions. Une corde céda au moment le plus critique et le meuble, claquant du couvercle et agitant désespérément ses bougeoirs de cuivre, partit tout droit rompre les reins aux deux chevaux pommelés d'un omnibus qui parcourait, ainsi qu'à l'ordinaire, la voie publique.

Nous renonçons à peindre le désespoir des parents… Quant à Mlle Céréda, elle passe actuellement pour la plus douce pensionnaire d'une maison de santé du Loir-et-Cher. On ne confie qu'à elle le soin de préparer le programme des petites fêtes musicales que ses compagnes ont accoutumé d'offrir à l'épouse du directeur pour le jour de son anniversaire.

Les matelots de la « Belle-Julie »

> *Les matelots*
> *Pompez, pompez,*
> *De la* Belle-Julie
> *L'ont pavoisée*
> *Pompez, pompez,*
> *De brillantes couleurs.*
> *Canonniers,*
> *Gabiers,*
> *Vive le jus de la treille !*

Lorsque la *Belle-Julie* (pavoisée de brillantes couleurs) traversa pour la première fois la ligne équatoriale, chacun à bord but plus que de raison, au point que la perruche verte du timonier, demeurée muette depuis le désastre de Trafalgar, recouvra dans l'alcool le don de la parole sinon l'oubli de ses vieilles rancunes, et cria par trois reprises en battant des ailes sur la corne d'artimon : « Chiens d'Anglais ! qu'on leur brûle la gueule ! »

Cet incident, toutefois, ne présente que peu d'importance en comparaison de la rixe sanglante dont les matelots de la *Belle-Julie* devinrent les héros dans le port de Pointe-à-Pitre ; l'équipage malais d'un brick de Haarlem y pensa périr en entier. Quant à la gigantesque saoulerie qui termina le repas des noces du roi Hatalulu, nous ne la citerons que pour mémoire ; on ignore, d'ailleurs, à la suite de quelles circonstances de leur vie errante, officiers, gabiers et canonniers se trouvaient alors convives du prince cafre.

Il va sans dire que là, comme partout, le meilleur buveur de la corvette fut le commandant Bartus (de Bayonne), qui mesurait six pieds six pouces et connaissait le cœur des femmes. Mais son second le lui cédait à peine ; et c'est justice également de reconnaître que si le maître d'équipage portait moins bien le vin des îles, nul ne l'égalait dans le dosage minutieux des mélanges savants. Il n'est pas jusqu'au mousse Lartigolle, sur qui vous n'eussiez fondé les plus vastes espérances en le découvrant un jour à fond de cale, ivre mort auprès d'une futaille éventrée et presque vide, celle-là même qu'un notable commerçant de Bordeaux avait confiée aux bons soins du capitaine d'armes pour qu'il lui fît accomplir le voyage des Indes.

De tous ces gais lurons pas un ne serait descendu sur la terre ferme sans être gris au préalable, car le pied de l'homme de mer a toujours besoin d'un sol mouvant pour se poser. Et vraiment quand la *Belle-Julie*, roulant et tanguant vent arrière, ouvrait les lames avec sa proue et de son sillage d'écume semblait diviser la mer en deux parties égales, il eût été difficile de dire qui était le plus saoul, de la corvette, des vagues ou de l'équipage. Tout dansait : le soleil sur la mer, les ailes des mouettes dans le ciel et le cœur des hommes dans leur poitrine. Chaque bouffée de brise emportait au large, avec la fumée des pipes et le refrain des chansons à boire, l'odeur des vins de France et des alcools anglais.

Il ne fallut pourtant qu'une bourrasque imprévue par 65 d° 57' 25" long. 29 d° 44' 12" lat. dans la mer des Sargasses pour mettre fin à tant de saine et vigoureuse gaîté. Alors que le vaisseau, courant grande largue, essayait de parer au grain en serrant ses cacatoès et en rentrant ses bonnettes, la vergue sèche d'artimon se rompit et brisa le crâne du commandant Bartus, qui, debout sur le gaillard d'arrière, commandait la manœuvre en criant ses ordres dans un porte-voix.

Le calme plat qui suivit la bourrasque ne peut se comparer à la stupeur dans laquelle resta plongé l'équipage de la *Belle-Julie*. Il fallut pourtant procéder aux funérailles. Elles furent, selon l'usage, simples mais tragiques. Toutefois, comme il convenait de respecter la volonté du défunt, qui avait fait le serment à la veuve d'un avoué de Bayonne (nul n'ignore qu'il portait dans un médaillon d'or, sur sa poitrine, une boucle de cheveux noirs) de revenir mort ou vif, à ses pieds, de l'autre bout du monde, le corps du commandant Bartus ne fut pas abandonné à la fureur des flots. La cérémonie terminée par un roulement de tambour sur les dernières paroles de l'aumônier, quatre fusiliers descendirent leur chef à la cambuse et le plongèrent dans un fût d'eau-de-vie, seul tombeau, avec l'Océan, digne de recevoir sa dépouille mortelle. Et la *Belle-Julie*, le pavillon en berne, reprit sa course vers les côtes de France.

Mais ses voiles, naguère fermes et rondes comme les seins d'une sirène amoureuse, retombaient flasques et vides sur les vergues. À l'exception de quelques jurons du second et des sonneries réglementaires, pas un bruit ne s'entendait sur le pont du navire. Par les sabords, les caronades regardaient tristement la mer, qui, jusqu'à l'infini, s'étendait plate et immobile comme l'image du désespoir. Pour tout dire, il ne restait à bord, de toute la provision d'alcool, que le fût de trois-six au fond duquel le commandant Bartus dormait son dernier sommeil, et chacun, pour ne pas périr de soif, en était réduit à boire de l'eau.

Une circonstance aussi exceptionnelle, aussi contre nature, peut, seule, faire comprendre la suite de ce récit. Nous hésiterions à le poursuivre, si nous n'étions convaincus que nous nous adressons à des gens au cœur solide, habitués aux choses de la mer, et non à ces blêmes habitants des villes dont la tête tourne et l'estomac se vide dès qu'ils ont mis le pied sur un embarcadère.

Le cuisinier fut le premier qui osa descendre dans la cale, un gobelet au fond de sa poche, un vilebrequin à la main. Il remonta bientôt après, titubant mais consolé. Puis ce fut l'un, puis l'autre, chacun à son tour. Puis les marins, par groupes, à certaines heures de la journée prirent l'habitude de se réunir autour du fût du commandant Bartus. Ils buvaient à petits coups la précieuse liqueur, avec une sorte de recueillement. Il leur semblait que quelque chose pénétrait en eux de l'âme noble et généreuse du défunt.

Il va de soi, naturellement, que lorsque le navire eut regagné son port d'attache, le fût était vide. Cependant le souvenir n'en devait pas périr de si tôt. Tant, en effet, qu'il survécut quelque part, dans un port de la Manche, de l'Océan ou de la Méditerranée, un matelot de la *Belle-Julie*, certes il ne se refusa jamais à choquer son verre contre celui d'un ami, fut-il terrien. Mais, malgré la politesse bien connue des gens de mer, si on lui eût demandé : « Que dites-vous de ce cognac ? » ou bien « Eh ! Eh ! ce marc, en avez-vous bu de pareil aux Îles-sous-le-Vent ? » – il aurait invariablement répondu : « Faites excuse, sauf votre respect, ça ne vaut pas la cuvée du commandant Bartus. »

Entretien avec le Diable

Il paraît difficile, vu le degré actuel de notre civilisation, de se représenter le Diable autrement que comme un monstre noir, aux yeux de braise, aux pieds fourchus, dissimulant des cornes de bouc sous un chapeau rouge et une queue velue dans un haut-de-chausses.

Pourtant, certaines peuplades superstitieuses du centre de l'Afrique, qui, si l'on en croit les récits des missionnaires, le vénèrent presque autant que nous, lui attribuent la couleur blanche. Quant aux partisans de la secte de Sintos, au Japon, ils demeurent persuadés que ce personnage affecte la forme du renard, et, curieuse coïncidence, les insulaires des Maldives lui sacrifient des coqs et des poulets.

À la vérité, toutes ces opinions sont également fausses. Le Diable n'est qu'un pauvre homme, d'aspect insignifiant. Il ressemble à un professeur libre aussi bien qu'à un agent des ponts et chaussées. On lui voudrait même l'air plus digne, tout au moins plus adéquat aux tendances politiques de ces dernières générations.

La première fois que je le rencontrai, ce fut à Paris, comme de juste. Il buvait un café noir sur le zinc d'un bar du quai de la Tournelle, vers onze heures du soir. Nous étions l'un et l'autre un peu gris. Je me souviens néanmoins que le phonographe de l'établissement exécutait à ce moment précis « le réveil du nègre » sur le banjo. Le Démon me proposa d'abord une partie de ce jeu de hasard, dérivé du zanzibar, et communément dénommé le « trou-du-cul » parce que l'on n'y compte que les as. Je refusai, sachant le drôle affiché dans plusieurs cercles et casinos de bains de mer. Il m'offrit alors très poliment de lui tenir compagnie sur le quai jusqu'au premier coup de minuit, instant où il reprend son service.

Nous fîmes quelques pas en silence. Puis, comme je devais m'y attendre, Il essaya bientôt d'exercer sur moi des séductions, dans le but de s'approprier à bon compte mon âme immortelle.

— Voulez-vous devenir invisible ? insinuat-il à voix basse sur le ton que les Parisiens affectent d'habitude pour vendre des cartes transparentes aux Anglais sur le Parvis de Notre-Dame. Eh bien ! portez sous le bras droit le cœur d'une chauve-souris, celui d'une poule noire, ou, mieux encore, celui d'une grenouille de quinze mois. Mais il est plus efficace de voler un chat noir, d'acheter un pot neuf, un miroir, un briquet, une pierre d'agate, du charbon et de l'amadou…

Je n'étais pas d'humeur à me laisser réciter plus avant le *Petit-Albert* ou les *Clavicules de Salomon*, ouvrages désuets dont j'ai depuis longtemps abandonné la lecture.

— Il me semble, répliquai-je, qu'à notre époque de progrès sociaux et économiques votre science retarde un peu. Mlle Irma (ne fut-elle point ma première maîtresse lorsqu'elle lisait l'avenir dans le marc de café non loin de la station du métropolitain Réaumur-Sébastopol ?) en connaissait tout autant que vous sur ce chapitre. Au moyen d'une simple table tournante en acajou plaqué, elle m'a, même, procuré un entretien particulier avec le général Boulanger. Je désirais, en ce temps-là, me faire exempter du service militaire.

— Mon art est éternel, mon fils, reprit le Diable, et ses préceptes sont toujours bons. Mais je m'aperçois que, bien que sceptique et gâté par l'esprit du siècle, vous possédez quelque instruction. Je vous rangerais volontiers au nombre des intellectuels.

Ces paroles, qui me flattèrent, m'induisirent à penser que mon compagnon cherchait cette fois à m'attirer dans le péché d'orgueil.

— Si vous tenez à ce que nous restions amis, lui dis-je enfin, n'essayez pas plus longtemps de ruser avec moi.

Vous voulez mon âme ? C'est bien, je vous la céderai pour ce qu'elle vaut. Cessez donc un instant de me pousser le coude chaque fois que nous croisons sur le trottoir une de ces impures prometteuses que la misère a réduites à faire partie de votre clientèle. Je ne vous demanderai qu'une seule chose en échange de ce que vous désirez de moi : me distraire. Voyez-vous, Diable, je m'ennuie autant qu'un homme peut le faire sur cette planète. Comme on dit, j'ai des idées noires. Les crimes passionnels de nos grands quotidiens ne m'intéressent même plus ; d'ailleurs les assassins se font toujours prendre, la manille, le piquet, et le jeu de tonneau n'ont aucun mystère pour moi. Les bienfaits de la gymnastique suédoise ou le résultat du grand prix cycliste ne suffisent guère à satisfaire mes aspirations vers l'idéal. Je voudrais que vous m'offrissiez un spectacle capable de me procurer de l'enthousiasme pendant seulement dix minutes. Tenez, par exemple, maintenant, derrière la Halle-au-Vin, une aurore boréale ! Déchaînez quelque cataclysme inédit, faites sonner toutes seules les cloches de Notre-Dame et s'envoler vers le ciel, comme une flèche, la tour Eiffel. Rendez la liberté aux deux girafes du jardin des Plantes, puis réveillez les morts du Père-Lachaise et conduisez-les en bon ordre, par rang d'âge et de distinction, à travers les boulevards jusqu'à la Concorde. Donnez au moins un volcan à Montmartre et un geyser au bassin du Luxembourg.

Si vous faites cela je renonce à jamais à ma part de vie éternelle dans le sein d'Abraham. De l'imprévu, de l'imprévu ! C'est du manque d'imprévu que nous périssons tous depuis l'âge quartenaire !

— Mon fils, me répondit alors le Diable avec indulgence, songe qu'il existe dans Paris et sa banlieue plus de trois millions d'habitants. Si j'exauçais ton désir de merveilleux, je verrais se produire immédiatement deux millions et demi de conversions à diverses religions (je suppose, bien entendu, que cinq cent mille personnes d'esprit faible, environ, mourraient de peur sur le coup). En conséquence, considère la perte sèche que j'aurais à enregistrer pour ne compter à mon actif que ta seule âme qui, tout bien considéré, serait une assez médiocre acquisition.

Mais, puisque tu me mets au pied du mur, retourne-toi et vois.

Ce disant, le Diable disparut mais sans répandre, contre toute prévision, la moindre odeur de soufre.

J'obéis à sa recommandation et le spectacle qui s'offrit à mon regard me brisa les jambes de stupeur. Il y avait... il y avait *deux lunes* dans le ciel. Deux lunes, deux lunes égales se levaient ensemble à l'horizon.

C'était, on en conviendra, plus qu'il n'en fallait pour une nuit d'été, déjà si poétique par ailleurs. Je songeais au prétexte suffisant que me procurerait cet événement sans précédent en vue de manquer mon bureau le lendemain matin, lorsqu'un détail me frappa soudain. La première des deux lunes marquait exactement minuit. Elle n'était autre que le cadran lumineux de la gare de Lyon.

Voilà comment, un soir d'ivresse, j'ai vendu mon âme pour une pendule.

L'orage

Bien sûr, il allait pleuvoir ! Tout le présageait dans la nature, tout l'annonçait au cœur des hommes. Depuis le matin, une hirondelle sentimentale, échappée Dieu sait de quelle romance passée de mode, voletait au ras des pavés de la petite rue étroite, où, parmi le crottin sec, picorait en sautillant la race turbulente et prosaïque des moineaux de gouttières. Et la même torpeur, qui, dans les jardins clos ornés de fusains au feuillage métallique, endormait les frelons sur la corolle capiteuse des giroflées, faisait miauler sans but et s'étirer sans illusion, au fond de la pénombre crépusculaire des salons provinciaux, les chattes noires des vieilles demoiselles, sur des coussins de velours d'Utrecht. Mais aussi, pendant près d'une quinzaine, s'en était-il donné à cœur-joie, le soleil, le grand soleil purificateur, de brûler les herbes des prairies et de calciner la poussière blanche des routes !

Vers le milieu de l'après-midi, M. Colin, le coiffeur pour dames, sortit en pantoufles rouges sur le seuil de sa boutique vert espérance. Il tendit, avec gravité, la main droite, devant soi. Malgré la noblesse du geste, aucune larme ne tomba du zénith sur la terre.

— Ça ne va pas tarder ! prononça le négociant, pour affirmer sa manière de voir.

Effectivement, là-haut, tout là-haut, dans le ciel promis aux justes, et qui, néanmoins, à l'époque de ce récit (déjà de l'histoire ancienne !) n'était encore accessible qu'aux ballons sphériques des dimanches et jours fériés, de sombres événements paraissaient se comploter en silence. Les nuages, qui, tout à l'heure, occupaient à peine le bas de l'horizon et par leur ressemblance avec un idéal et vaporeux décor montagnard auraient suffi à procurer l'aspect d'une ville d'eaux pyrénéenne au moins poétique des chefs-lieux d'arrondissement, s'étalaient maintenant, immensément, au-dessus des arbres et des toits, comme une menace divine. Leur seule vue permettait d'admettre qu'en d'autres âges moins éclairés des peuples naïfs aient pu concevoir l'idée de bâtir des cathédrales dans l'espoir de se mettre en règle avec les puissances supérieures.

Tout à coup, un roulement s'entendit au loin. Non, ce n'était pas déjà le tonnerre. Un landau de louage qui revenait à vide d'une noce (car on se marie par n'importe quel temps) passa en tremblant de toutes ses vitres. Au fait, il n'en fallait pas davantage pour donner tout de suite un peu plus d'intérêt à l'existence. Une porte s'entrouvrit. Une main souleva le coin d'un rideau derrière une croisée. Et le chien du pharmacien, étendu en travers du trottoir, ouvrit les yeux, bâilla, supputa un instant le plaisir qu'il aurait pris à courir dans les jambes du cheval, puis, jugeant la température trop lourde, se rendormit.

Les choses en étaient là, sur la terre comme au ciel, à l'instant précis où Mlle Édith Tantamer, la fille cadette de l'huissier le plus important de cette si calme et si paresseuse petite cité imaginaire, achevait de peindre à l'aquarelle trois œillets roses sur son album. Restait seulement à unir les tiges par un ruban, et la jeune personne méditait au sujet de la teinte qu'elle emploierait. Indécise, elle suçait le bout de son pinceau. On sait bien que ces couleurs sont inoffensives. Mais l'inspiration ne venait pas… Certes, les brusques dépressions barométriques ne valent rien pour le moral d'une enfant romanesque et compliquée ! Ajoutez qu'en guise de devoir de vacances un écolier du voisinage s'appliquait de toute son âme à jouer *Cœur de tzigane* sur son violon. La mélodie tendre et rapide, pénétrant à travers les fenêtres closes, ne pouvait manquer à la longue de faire prendre un cours passionnel et tumultueux aux pensées intimes de Mlle Tantamer. Ah ! s'il était alors apparu dans le cadre de la porte, viril et même un peu brutal, mais si sûr de soi à juste titre, le triomphateur imberbe du dernier concours de bicyclettes fleuries ! Cette image se précisa bientôt avec la netteté d'un agrandissement photographique. L'adolescent s'appuyait d'une main sur le guidon de sa machine. Il portait même, à la boutonnière, l'insigne du Touring-Club. Effrayée par l'audace de son imagination, Édith secoua sa torpeur et se dirigea vers la glace de la cheminée. Entre les deux chandeliers d'albâtre, son visage reflété lui sembla légèrement pâli, assez intéressant somme toute, et elle en fut flattée. Puis, afin de détourner ses idées, elle ouvrit la croisée et remonta la jalousie. Le vent tiède, qui venait de se lever, dispersait les moineaux et pourchassait les brins de paille et les morceaux de papier sur la chaussée. Un volet se rabattit violemment contre un mur. Cette fois, enfin, c'était pour de bon ! sans compter que de grosses gouttes s'écrasaient déjà, en bas, dans la poussière.

La jeune fille comprit vite le caractère romantique de la situation. Elle ne s'arrêta pas à calculer le nombre de secondes séparant le premier éclair du coup de tonnerre qui le suivit. Elle ne se demanda point si la foudre allait tomber sur le clocher ou sur la mairie. Elle ne songea pas davantage à critiquer la mise en scène vieux jeu non plus qu'à contester les effets trop prévus de la figuration céleste. Mais, penchée à mi-corps par-dessus l'entablement de la fenêtre, elle se livra toute, avec amour, à la fureur des éléments.

Car subitement l'orage creva, comme le désespoir d'une femme incomprise qui n'en peut plus, qui ne veut plus rien entendre, qui, vraiment, en a trop supporté depuis trop longtemps et que jamais, jamais on ne consolera. Ce fut du reste un orage classique. Il fit beaucoup de tapage pour pas grand-chose. Ainsi que des ciseaux fantasques, les éclairs en zigzag tailladaient la nue. L'averse ricochait sur les tuiles, débordait des gouttières engorgées, fouettait les vitres et traçait peu à peu de larges cercles humides au plafond des chambres de bonnes, sous les combles. Nul n'aurait pu prévoir que la rue affecterait un jour une physionomie à ce point éloquente et tourmentée parmi le fracas du tonnerre et le crépitement de la pluie. Il fallait une âme de la nature de celle d'Édith pour affronter toute l'horreur du spectacle et pour y prendre un plaisir aussi supérieur et aussi aigu. Combien loin il avait reculé dans sa pensée, le jeune cycliste avantageux ! Seul un explorateur ou un poète lyrique, sinon quelque héros de Walter Scott aurait su, en un semblable moment, se présenter sans ridicule devant le regard de Mlle Tantamer. Elle qui, chaque matin, employait tant de soin à régulariser au moyen d'une baguette de buis les tendances capricieuses de ses cheveux (dont aucun clerc d'avoué ne pouvait à bon droit se flatter de posséder une boucle d'or dans son portefeuille) laissait l'aquilon réduire au néant l'ordre savant de sa coiffure. Au surplus, la bourrasque inondait son visage de pleurs. Mais de telles larmes ne sont point les plus amères...

— Orage, orage, répétait la fille cadette de l'huissier, emporte sur tes ailes dévastatrices mon pauvre cœur brûlant et inassouvi destiné à d'autres aventures que le train-train de cette existence tranquille !

Comme bien on pense, l'ouragan avait d'autres idées en tête. Il continua d'affoler tour à tour les diverses girouettes de la localité, sans s'arrêter à de pareils arguments. Les éclats s'espacèrent. Et bientôt sa rumeur s'en fut vers les lointains où d'autres petites villes attendaient leur part d'héroïsme et de passion. Il ne demeura plus que le grand apaisement de l'ondée monotone.

— Mon Dieu ! cette enfant ! a-t-on jamais vu ! s'écria Mme Tantamer en entrant dans la chambre de sa fille. Mais c'est ainsi que l'on prend le coup de la mort ! Dépêche-toi donc d'aller changer de vêtements, ton père s'impatiente à cause du dîner.

Mon ami le Prophète

I

L'hiver, cette année-là, s'annonça dès ses débuts comme une fort mauvaise saison, humide et tiède, sans courage dans ses convictions, sans héroïsme dans sa laideur. Depuis un mois et demi environ, ainsi que l'expliquaient les journaux les mieux informés, de continuelles dépressions au large de l'Atlantique et le vent d'ouest-sud-ouest poussaient d'interminables pluies sur les îles Britanniques, et, jusqu'à Paris, sur toute la partie occidentale de la France. Chaque matin, je me rappelle, dans les hauteurs du ciel inaccessible, les nuages se réunissaient en concile tragique, bien au-dessus des fumées d'usines et du train-train des existences humaines. Mais en vain épousaient-ils les formes les plus légendaires et les plus fantastiques ; leur unique destinée se bornait à venir alimenter d'une eau impure toutes les gouttières, tous les ruisseaux, tous les égouts de la capitale. Non !... les rues ne ressemblaient plus à des rues. Vous eussiez dit de vastes canaux, vidés en vue d'un curage éventuel, mais dont les parois ruisselaient encore. Quant aux habitants, sous des parapluies, ils n'en devaient pas moins courir à leurs occupations quotidiennes, sachant bien au fond, qu'il pleuvra toujours suffisamment pour faire de la boue, jamais assez pour nettoyer la terre.

On cite le cas de plusieurs enfants venus au monde vers cette époque qui, plus tard, une fois arrivés à l'âge où d'autres se destinent, comme il sied, au barreau ou a la magistrature, n'ont su employer les facultés de leur jeunesse qu'à jouer à la manille ou à lire les « Petites-Affiches » en fumant du caporal doux dans des pipes d'écume de mer, dont le fourneau finement sculpté affectait généralement la physionomie d'une tête de mort.

Vous pourrez même vous laisser raconter par des personnes autorisées et dignes de foi, comment, en raison de l'augmentation croissante du nombre des suicides à Paris, et principalement dans la périphérie, le conseil municipal avait cru devoir prendre l'initiative de voter des crédits spéciaux pour faire représenter en public à titre gracieux, des vues cinématographiques, animées, coloriées et divertissantes de nos possessions les plus ensoleillées de l'Afrique et de l'Indo-Chine.

Ô matins ! Aubes grises ! Petits jours aux yeux cernés des grandes villes douloureuses ! Première lueur des lampes à pétrole ! Café noir des réveils brouillés ! Et vous, si longues, si longues journées ! Qui donc se fût douté que cette saison spleenétique était prédestinée depuis l'origine des siècles, et que la Providence, dont les voies, en vérité, sont impénétrables, nul ne l'ignore, l'avait choisie de toute éternité pour l'accomplissement de ses plus miraculeux et miséricordieux desseins ?

II

J'habitais alors avec Baruch, au milieu de la Seine, dans une île où les bateaux-mouches ne font point escale, mais qu'ils ont déjà signalée, il y a longtemps, en amont de la cité, sous le nom d'île Saint-Louis. Les remorqueurs qui remontent le courant la saluent, d'habitude, de trois coups de sirène. Les mœurs de ses indigènes n'offrent rien de particulier ; on n'a même pas le souvenir qu'ils aient jamais adoré le soleil ni torturé de missionnaires protestants. Pourtant, comme les autres îles, l'île Saint-Louis forme un tout, séparé du reste du monde. C'est un pays dont, lorsqu'on a le temps, on peut faire le tour en roulant une cigarette. Il est rare d'y rencontrer beaucoup d'animation, et chaque fois qu'une automobile s'y aventure, vous pouvez tenir pour certain qu'elle écrasera un chien, sinon quelque petit enfant très étonné. Mais surtout, durant les mois pluvieux, l'île Saint-Louis devient une île déserte, gardée, le jour, par les squelettes de ses arbres frissonnants, et la nuit, par le modeste éclat de ses réverbères.

Baruch et moi, nous avions choisi à dessein ce quartier tranquille, bien en harmonie avec notre caractère taciturne. Nos appartements, rue Le Regrattier, ci-devant de la Femme-sans-Tête, consistaient en un couloir exigu, sorte de chambre de débarras, tirant son peu de clarté d'un jour de souffrance à verre dormant et grillagé qui donnait sur la cour d'une maison voisine, à hauteur de quatrième étage. Je n'ai jamais pu déterminer d'une façon précise la place de cette soupente dans l'immeuble, ni même la situation par rapport à la rue du mur jaune que nous apercevions en face de notre baie. Il fallait en effet suivre tant de méandres compliqués et monter tant de marches inutiles que la personne la mieux douée de l'instinct d'orientation se fût trouvée, une fois parvenue à notre logis, absolument incapable de désigner les quatre points cardinaux. Je dois à la vérité d'ajouter que bien peu nombreux étaient les visiteurs qui s'avisaient de venir nous surprendre à domicile. Les quelques importuns qui, d'aventure, tentaient l'excursion, nous étaient, d'ailleurs, annoncés longtemps à l'avance par le bruit de leurs trébuchements au long d'un escalier presque impraticable.

On comprendra qu'un hiver de nature aussi spongieuse et qu'un ciel aussi perpétuellement crépusculaire nous contrarièrent plus que tous les autres Parisiens, puisque, précisément, nous avions escompté la réverbération de la neige sur les toits environnants, pour procurer, au cours des mauvais jours, un peu de lumière et de gaîté à notre intérieur.

Né de parents sobres, robustes et positifs, je ne suis guère sujet aux idées noires. De son côté, Baruch, grâce, peut-être, aux tendances mystiques de son tempérament, jouissait d'une parfaite égalité d'humeur. Eh ! bien, cet hiver-là, il nous arriva plusieurs fois, le matin, de laisser notre réveil sonner et trépider dans sa cuvette, sans que nous trouvions le courage de rejeter nos couvertures, de nous habiller et de partir dans les rues à la recherche de notre pain quotidien.

Les ténèbres ne commençaient à se dissiper chez nous que vers les dix heures, dix heures et demie. Alors seulement pouvions-nous distinguer les différents objets qui constituaient notre mobilier.

Près de la porte, à gauche en entrant, une malle plate décorée de plusieurs étiquettes, sur lesquelles, à midi, se lisaient facilement des noms de compagnies anglaises de navigation. Dans un angle, un instrument de musique barbare, aux proportions démesurées, variété de tam-tam cafre sinon zoulou, dont l'assemblage sonore quoique poussiéreux se composait d'un tube de bois exotique bouché à chaque extrémité par une peau de buffle bien tendue. Contre les murs, une carte de France, un baromètre inutilisable et un calendrier sans grand intérêt, vu qu'il datait de l'an passé. Au centre, une table Louis XV, qui m'appartenait en propre, me venant par héritage d'un oncle maternel, administrateur concussionnaire d'une maison de retraite dans le Maine-et-Loire. Je n'oublie point, sous la fenêtre, notre lit fraternel, un lit de fer, comme le destin.

À tour de rôle nous nous occupions des soins du ménage. Il fut toujours très mal tenu. Un placard dissimulait le balai, le pot-à-eau, ainsi que les ustensiles de cuisine. En somme, il nous manquait peu de choses pour être heureux. Si la trop grande consommation de bougies à laquelle nous étions condamnés n'avait pas lourdement grevé notre budget, l'existence nous eût même paru assez large. Nous ne négligions point de payer régulièrement notre loyer, et la concierge, Mme Tournemolle, n'aurait pu, le cas échéant, fournir que de bons renseignements sur notre compte.

III

Notre amitié datait de l'automne précédent. La volonté divine, qui fait souvent si bien les choses, nous avait jetés, positivement, dans les bras l'un de l'autre, rue de Rivoli, près de la Mairie du quatrième arrondissement. Je ne saurais, en effet, employer de terme plus juste. Baruch descendait la rue ; moi je la remontais, sur le même trottoir. Nous allions vite, quoique sans but, chacun dans un sens opposé. Il arriva qu'au moment de croiser Baruch, j'obliquai vers ma droite, afin de ne pas le heurter, et que lui, de son côté, obliqua vers sa gauche, dans la même intention à mon égard. Nous nous trouvâmes ainsi face à face. Je ne dis point : nez à nez, car Baruch était beaucoup plus grand que moi et me dépassait de la tête. Je fis aussitôt un écart à gauche, mais Baruch, tout aussi rapidement, fit un écart à droite, de telle sorte que nous demeurâmes absolument dans la même situation réciproque. Je décidai alors de ne plus bouger pour laisser le champ libre à mon vis-à-vis. Mais, comme j'aurais dû m'y attendre il avait eu exactement la même idée. Nous pûmes donc nous considérer quelques instants en silence.

Le visage que je voyais, surplombant le mien, était bien fait pour exciter le dégoût et la pitié à la fois chez tout être normalement organisé. Imaginez, sous un chapeau noir aux larges bords, rappelant la coiffure d'un clergyman américain de l'époque de Mme Beecher-Stowe, une longue figure triste agrémentée de barbe rare et grisonnante – une figure vicieuse mais doucereuse, éclairée, si j'ose dire par deux yeux incolores et mélancoliques, au bord desquels se dessinait un halo rougeâtre, signe indiscutable d'alcoolisme invétéré. Le caractère aristocratique du nez, assez fort et busqué, ainsi que de la lèvre supérieure très courte, ne servait qu'à accentuer l'aspect de déchéance malpropre d'une pareille physionomie. J'ignore l'impression que je fis sur Baruch. Mais il est certain que pour ma part, j'éprouvai d'abord une obscure satisfaction en apercevant un étranger qui paraissait tombé encore plus bas que moi. Ce premier sentiment fut donc la source d'une sympathie mutuelle dont je serais en droit de m'enorgueillir aujourd'hui.

Avant que j'aie pu me décider à reprendre ma route, l'inconnu posa sa main sur mon épaule et me dit en hochant la tête :

— Faut-il, Monsieur, que l'homme soit une créature aveugle et incapable par elle-même de trouver sa direction, pour que dans une voie aussi large nous n'ayons réussi à faire passer de front nos deux maigres personnes ! Telle est, n'est-ce pas, la moralité que nous devons tirer de notre rencontre ?

Puis il soupira trois fois, profondément, fouilla dans ses poches, en tira une de ces petites tabatières communément dénommées « queues-de-rats », renifla une prise et continua en ces termes :

— La sagesse ne se trouve que dans les vieillards, comme dit Job, et l'intelligence est le fruit d'une longue vie. Vous paraissez bien jeune, mon ami (permettez que je vous donne ce nom), et vous êtes, sans doute, enclin à toutes les erreurs, à toutes les idolâtries de votre âge. Or, il existe un conseiller infaillible, un guide précieux qui toujours m'a secouru et fortifié dans les diverses infortunes de ma vie. Je serais enchanté de vous le faire connaître. La terre et le ciel passeront mais ses paroles ne passeront point. Elles se trouvent contenues dans ce petit livre d'aspect modeste, dont ma mère eut soin de me faire présent peu de temps avant sa mort, mais dont je me dessaisirais volontiers en votre faveur, moyennant la modique somme de quatre-vingt-quinze centimes, à cause de l'extrême amitié que vous avez su m'inspirer tout d'abord. Prenez-le. Vous rendrez, par la même occasion, service à un pauvre pécheur que Dieu, pour le punir de ses iniquités, a placé dans la plus atroce misère et dans la plus douloureuse affliction.

Il pleurait presque en achevant ces mots, tandis qu'il me glissait entre les doigts une édition de poche du Nouveau Testament d'Ostervald.

— L'embêtant, c'est justement que je ne sais pas lire, répondis-je, n'hésitant point devant un mensonge, tellement j'étais peu désireux de sacrifier mes dernières ressources en vue d'enrichir ma bibliothèque.

— Qu'à cela ne tienne, mon jeune ami ! La vérité n'est pas seulement destinée aux savants et aux favorisés de ce monde. Voici une brochure dont la plus ignorante créature de Dieu saura faire son profit. Ainsi que vous le remarquez, elle n'a que quatre pages. La première est noire et représente votre âme plongée dans le péché. La seconde est rouge comme le sang de l'Agneau, où, après s'être purifiée, votre âme deviendra aussi blanche que cette troisième page. Quant à la quatrième et dernière, elle est dorée. C'est la plus belle de toutes ! Mais aussi ! Elle symbolise la gloire éternelle à laquelle, j'en suis sûr, vous ne manquerez point de parvenir un jour, si vous savez dûment tirer parti des leçons de cet opuscule dont le prix, pour vous, ne dépassera pas vingt-cinq centimes, cinq sous.

— Eh ! je n'ai que faire du sang de l'Agneau et de la gloire éternelle, non plus que de vos autres articles, répliquai-je fort irrévérencieusement. Je suis camelot, moi aussi, et pas plus riche que vous. Je représente la maison Bitard et Papivot : « Farces, attrapes et jeux de société ». Tel que vous me voyez, j'ai plein les poches de cigarettes à feu d'artifice, d'imitations de punaises en celluloïd pour mettre dans la salade, de compères-la-colique en plomb colorié, et même de cartes transparentes (ce sont des reproductions de tableaux de Gérôme) dont le placement devient, malgré tout, beaucoup plus difficile qu'on ne croit en général. Quant à me dire votre ami !... Ma foi, commencez toujours par payer un verre, nous verrons après.

Ce fut évidemment l'espoir d'obtenir mon salut qui induisit Baruch à m'accompagner jusqu'au plus proche estaminet. Il offrit sa tournée ; j'offris la mienne. Au bout de peu d'instants nous étions liés pour la vie.

Tout en buvant, il m'apprit que sa mère était Norvégienne, son père, Anglais, et tous deux gens de bien, de leur vivant. Il avait, dès son enfance, beaucoup voyagé avec ses parents, changeant fréquemment de pays et de religion. Circoncis en Pologne, baptisé chrétiennement trois fois en France, deux en Allemagne et cinq en Angleterre, converti successivement au catholicisme, à l'anglicanisme, au luthérianisme, à l'orthodoxie, au calvinisme, au jansénisme, voire au manichéisme, sa piété constante lui avait procuré de nombreux subsides de la part de personnes croyantes et charitables comme il s'en trouve encore, Dieu merci, quelques-unes sur la terre. Engagé par un coup de tête dans l'Armée du Salut, il n'avait pu, toutefois, se former à la discipline militaire et revenait présentement d'une campagne en Afrique avec la caisse de sa compagnie et un lot considérable de traités religieux qu'il comptait bien revendre sur le marché de Paris – bien que le mauvais esprit de la Babylone moderne lui laissât peu d'espoir en la réussite de ses transactions commerciales. Il s'interrompait maintes fois pour se frapper la poitrine et verser des larmes amères au souvenir de ses fautes passées. Puis, l'alcool l'égayant enfin quelque peu, comme ma nouvelle connaissance commençait à faire trop de bruit, je me vis dans la nécessité de l'entraîner sur une berge de la Seine où elle put dormir deux ou trois heures et se remettre complètement.

Dès lors, nous ne nous quittâmes plus, sinon pour vaquer à nos affaires respectives. Baruch parut à la longue se désintéresser de ma vie intérieure et de ma direction morale. Les soucis de notre existence matérielle, ainsi que certaines anecdotes et divers souvenirs de voyage qu'il aimait à rappeler de temps à autre, devinrent peu à peu les seuls sujets de nos conversations intimes.

Je dois ajouter que malgré l'aspect malhabile de son grand corps osseux Baruch se montrait des plus experts au vol à la tire. Il me fit souvent partager son butin en répétant une parole de Salomon qu'il chérissait entre toutes : « Les eaux dérobées sont douces et le pain pris en cachette est agréable. »

IV

Il va de soi que mes sentiments envers un homme tel que Baruch ne s'arrêtaient point à cette banale affection, créée par l'habitude, et qui, chez deux personnes vivant ensemble, doit nécessairement prendre naissance du partage quotidien d'une destinée commune. J'admirais mon compagnon presque plus que je ne l'aimais. Ne fut-ce, en effet, qu'au point de vue professionnel, je n'aurais pu moins faire que de reconnaître en lui un maître incontestable. Alors qu'en déployant toute ma persévérance et ma bonne volonté, j'arrivais à grand-peine à débiter mes « farces et attrapes », Baruch vendait ses livres pieux avec une facilité déconcertante. Pourtant, en un siècle frivole, et qui ne déteste point rire après boire, mon métier, à tous égards, semblait plus simple que le sien. Il m'eût suffi, sans doute, d'être mieux doué pour obtenir des résultats meilleurs. Mais j'ai toujours manqué de persuasion, et mon grand défaut est la lassitude. Je ne sais pas choisir le client et m'attacher ensuite à lui jusqu'à ce qu'il cède. Au contraire, Baruch, s'il avait décidé de vendre sa marchandise à quelqu'un, n'en démordait qu'une fois l'affaire conclue. Il m'est arrivé de lui voir placer les œuvres complètes de la générale Booth (dont il possédait en réserve tout un stock), en les donnant pour un ouvrage gai auprès d'un public ignorant et superficiel. Le « Voyage du Chrétien vers l'Éternité Bienheureuse » devenait avec lui un roman d'aventures, attrayant et pittoresque. Il proposait aux mères de famille les Proverbes de Salomon, en insistant sur leur utilité pour nourrir les enfants de bons principes.

— En ce livre, Madame, ne se trouve pas seulement le résumé complet et succinct de ce qu'il est convenu d'appeler la Sagesse des Nations. Vous y verrez, en outre, nombre de conseils appropriés à votre rôle d'éducatrice, rédigés en formules heureuses par l'un des pédagogues les plus éclairés de tous les temps. Permettez-moi – si ce n'est point abuser de votre patience – de vous citer quelques passages : « Les oiseaux des torrents crèveront l'œil de celui qui se moque de son père et qui méprise l'enseignement de sa mère et les petits de l'aigle le mangeront. » Que dire de mieux, pour produire, sans user de sévérité, une impression profonde et durable dans l'esprit de ce charmant bambin qui vous tient si gentiment par la main, quand, fortuitement, et ne s'en doutant point, peut-être, dans l'innocence de son âge, il vient à vous manquer de respect ?

Le jour où, pour la première fois, vous lui ferez don d'une tirelire, quelle meilleure parole trouverez-vous pour l'encourager à l'épargne que celle-ci : «Va, paresseux, vers la fourmi : regarde ses voies et deviens sage ; laquelle n'ayant point de capitaine, ni de prévôt, ni de dominateur, prépare en été sa nourriture et amasse pendant la moisson de quoi manger. » Et si jamais, enfin, par la suite, à Dieu ne plaise !, votre fils se laisse entraîner sur la pente fatale du libertinage, il vous sera facile de lui expliquer, ainsi que l'auteur a pris soin de le noter avec beaucoup de justesse, que « pour l'amour de la femme débauchée on en vient au morceau de pain » et que « la femme adultère chasse après l'âme précieuse de l'homme ».

Mais Baruch savait, à propos, changer de méthode et varier ses procédés suivant le quartier où il opérait et selon la personne à laquelle il s'adressait. Aucune des finesses de son art ne lui demeurait étrangère. Il n'hésitait pas, au besoin, à souligner d'un clin d'œil le caractère licencieux de certains passages de la Genèse ou du Livre des Rois, ni à faire ressortir le côté romanesque et sentimental du Livre d'Esther.

— Je détourne peut-être parfois, avouait-il, le sens de l'Écriture, mais il n'est point de mauvais procédé pour combattre le malin, et l'on ne saurait m'imputer à crime d'employer contre lui ses ruses et ses séductions coutumières. L'important est de répandre la parole divine parmi les impies. Tout compte fait, la bonne cause ne peut qu'y gagner, à la longue.

V

Un après-midi, tandis que la pluie, à coups menus, tapotait doucement la vitre embuée de notre jour de souffrance, je m'occupais, assis sur la malle plate de Baruch, à réparer tant bien que mal avec du fil poissé une crevasse ouverte dans la tige de ma bottine gauche. Mon ami, couché en travers du lit, méditait, ses deux mains sur la figure.

Par instants, lamentable comme le premier amour déçu d'une modiste sentimentale, s'élevait jusqu'à nous l'harmonie claudicante et surannée d'un orgue de Barbarie. La musique (dois-je le dire ?) m'a toujours porté à la rêverie. Je ne puis entendre les sons d'un phonographe ou de quelque autre instrument que ce soit, aussi bien dans un bar que sur une place publique, sans faire immédiatement un retour sur moi-même et revenir, par la pensée, aux époques les plus heureuses de mon adolescence. J'allais donc délaisser mon ouvrage manuel pour comparer une fois encore dans mon esprit ma situation présente avec ce séduisant avenir que, jadis, mes parents convoitèrent pour moi le jour où ils me firent entreprendre à Toulouse mes premières études de jurisprudence, lorsque, brusquement, Baruch se dressa debout et s'écria :

— Que ne suis-je mort dès le sein de ma mère ! Que ne suis-je expiré aussitôt sorti de son sein ! Et pourquoi m'a-t-on présenté les mamelles pour que je les suçasse ? Le laboureur qui revient des champs, sa besogne accomplie, n'écrase-t-il point d'un talon justicier, les œufs de vipère qu'il rencontre sur son chemin ? Ne sépare-t-on point du reste du troupeau les brebis atteintes de la gale, du charbon ou de la clavelée ? Pécheur entre les pécheurs, réprouvé parmi les réprouvés, objet de scandale aux yeux des justes, je ne mérite que le mépris, l'opprobre, l'injure et l'infamie !

Il répéta plusieurs fois les mêmes paroles et ne se tint pour satisfait qu'après avoir obtenu dans sa diction un accent parfait de contrition et de désespoir. Puis il se frotta les mains, en ajoutant :

— Ça va bien ! J'ai trouvé mon début. Le reste viendra tout seul.

— Tu veux donc faire du théâtre, maintenant ? demandai-je, surpris et de bonne foi.

— Ne raille point, esprit borné, répondit-il. Sache plutôt que, boulevard Malesherbes, près du parc Monceau, habite dans un hôtel d'appa-rence luxueuse, une Israélite récemment convertie à la religion réformée, qui, loin de gaspiller sa vie en œuvres vaines et en plaisirs futiles, consacre les innombrables richesses que la grâce de Dieu a réunies en ses mains, à répandre le bien et la bonne parole autour d'elle. Quel exemple, mon cher, par ces temps d'égoïsme où jamais le signe de la Bête n'a brillé d'un éclat aussi vif sur le front des grands et des puissants de ce monde ! Je serais tenté de conclure que cette créature d'élection a été désignée par un décret de la Providence, en vue de déposer les charbons ardents du repentir dans le cœur des satrapes, qui, chaque matin, à leur réveil, peuvent se demander sans réponse : qu'ai-je fait pour la gloire du Tout-Puissant ? Qu'ai-je fait pour l'honorer dans ceux qui souffrent ? Qu'ai-je fait pour porter secours à mes frères qui sont pauvres ? C'est elle, c'est cette digne et sainte femme, qui, de ses deniers, avait soldé le voyage des trois missionnaires partis l'an dernier vers le Sud de l'Afrique et dont on suppose qu'ils ont servi de pâture à leurs catéchumènes. Que dis-je ? C'est elle, encore, qui a fondé « les dimanches de prière en plein air pour les enfants des deux sexes ». Lorsque, sur la Seine, par un beau jour d'été, tu vois descendre en bateaux-mouches dans la direction de Meudon ou de Saint-Cloud, de joyeux groupes d'écoliers faisant retentir l'air de leurs chants d'actions de grâce, sache que c'est une humble servante de Dieu qui s'emploie ainsi, à préparer déjà, d'une manière hygiénique, leurs jeunes âmes pour le salut. Eh ! bien, voilà! Je me lèverai et je marcherai ! Je me rendrai à pied et dans la boue jusqu'au boulevard Malesherbes ! Je frapperai à la porte de ma sœur secourable et sa porte s'ouvrira. Je me prosternerai devant elle, j'embrasserai la poussière de ses sandales, et, parmi ses serviteurs assemblés, je lui ferai publiquement la confession de toutes les fautes qui oppressent ma poitrine. Devant la noirceur révélée d'une âme aussi chargée de forfaits et devant les signes éclatants du désir où je suis de retourner dans les voies ardues de l'abnégation et du sacrifice, il est impossible que je n'obtienne pas une somme d'argent suffisante pour nous aider à vivre pendant plusieurs semaines. Aussi bien je suis brûlé un peu partout, et le commerce des traités ne donne rien en cette période si proche des fêtes du Carnaval.

Ce disant, et sans même attendre de ma part un mot ou un signe qui lui exprimât mon étonnement ou mon approbation Baruch prit son chapeau et sortit.

Il ne rentra que fort tard dans la soirée, passablement gris, mais vêtu de neuf. C'est l'unique jour de ma vie, je le jure, où je lui ai vu du linge propre. Il portait une redingote noire, d'excellente façon, dont j'eus grand peine à le dévêtir pour le coucher, un pantalon également noir et confortable, quoique trop court, des guêtres grises et des souliers américains. Il n'avait gardé de sa tenue antérieure que sa coiffure de Quaker. Je ne m'en étonnai pas outre mesure, sachant que nulle force humaine n'aurait pu l'obliger à se départir de cet attribut représentatif de sa mission sur Terre.

Le lendemain, remis de ses fatigues, il m'apprit qu'en plus de ces diverses parures, il avait, aussi, reçu quelque argent de sa bienfaitrice, mais que vu la longueur du trajet de la plaine Monceau à l'île Saint-Louis et le nombre considérable des mendiants que l'on rencontre à Paris, la nuit, dans les rues, il ne lui restait absolument plus rien – plus rien, en vérité !

Il n'en demeura pas moins quelques jours à se reposer sans s'occuper d'autre chose que de boire du vin rouge et de chanter ses cantiques favoris, en s'accompagnant en sourdine sur le tam-tam qu'il avait rapporté d'Afrique. Mais une apparente inaction chez un homme d'entreprise, ne dissimule-t-elle point, souvent, l'enfantement d'un projet nouveau destiné à faire grand bruit dans le monde ?

VI

Effectivement, Baruch avait mis à profit ses heures de tranquillité pour concevoir une idée grandiose, qui, lorsqu'il m'en fit part, commença du reste par me paraître irréalisable, d'autant plus qu'elle exigeait mon concours pour être menée à bien.

Il ne s'agissait point, certes, d'une invention ordinaire et telle que quiconque peut en trouver de semblables, pourvu qu'il ait du loisir et l'esprit ingénieux. Il n'était pas question, par exemple, d'aller quêter à domicile dans le quartier pour une œuvre imaginaire de propagande chrétienne ou de relèvement de filles soumises, ni même d'essayer de faire chanter (comme on dit en langage vulgaire) un rabbin, un évêque ou un pasteur en le menaçant de révélations imprévues sur ses écarts de jeunesse... Non ; j'espérais mieux de Baruch. Mon attente ne fut pas trompée.

— Vois-tu, me dit-il, mes longues méditations de ces jours derniers ont porté leur fruit. J'ai beaucoup réfléchi, beaucoup prié dans le silence et la solitude. Et maintenant les temps sont venus ! Je me sens prêt à accomplir de grandes choses ! Sans doute, septique ami, vais-je lire l'étonnement dans tes yeux et le doute sur ton visage... J'ai entrepris de fonder une religion nouvelle, avec l'aide de Dieu, bien entendu.

— Une religion, Baruch ? répondis-je. Il me semble que tout a déjà été fait dans ce genre et qu'il doit être extrêmement difficile de créer du nouveau.

— Oh ! quand je dis une religion... Ce ne sera peut-être, dans les débuts, qu'une modeste secte, composée d'un groupe intime de fidèles – mais dont je compte devenir, en quelque sorte, comme le pape ou le messie.

— Même en supposant que tu possèdes les aptitudes voulues et les connaissances indispensables ; crois-tu bien que notre époque de cafés-concerts, d'aéroplanes et d'incrédulité soit désignée spécialement pour des tentatives de cet ordre ?

— Tu as l'air d'ignorer, mon cher, qu'aujourd'hui tout est permis aux esprits audacieux. Les bienfaits de la publicité me procureront d'ailleurs des facilités inconnues aux plus illustres de mes devanciers.

— Mais voyons, Baruch, on n'invente pas une religion comme ça, du jour au lendemain. Il convient, j'imagine, d'avoir été préalablement gratifié d'une révélation d'en haut. Il faut, au moins, pouvoir enseigner un dogme inédit.

— Je t'accorde volontiers que je ne suis pas encore tout à fait fixé sur les détails. Qu'importe ? Nous aviserons ultérieurement. Le principal, c'est de réunir d'abord un certain nombre de disciples qui pourvoieront à mes besoins, les plus urgents. Mieux vaudrait, sans doute, les choisir parmi les classes riches de la société. Mais, tant pis ! Nous commencerons avec les éléments que nous aurons sous la main.

— Et que leur diras-tu, à tes disciples ?

— Des paroles de vie et d'espérance. Je leur apprendrai, au surplus, par mon exemple, à suivre de près les préceptes de l'Écriture. Je rénoverai leurs mœurs. Je leur ferai porter un costume approprié à leur nouvelle existence. Nous chanterons des hymnes ensemble et je répandrai dans leurs âmes une semence qui rendra cent pour un. Il est à prévoir que le Seigneur m'inspirera. Considère, en effet, combien, en peu de temps, j'ai su améliorer tes sentiments depuis notre première rencontre... Mais que sert de gaspiller le temps en paroles vaines ? C'est demain le mardi-gras. Tu te vêtiras de blanc et tu iras par les rues, une palme à la main, annoncer la bonne nouvelle à tous les carrefours. De mon côté, j'aurai soin de m'entendre avec un marchand de vin-restaurateur pour qu'il laisse à ma disposition la salle du fond de son établissement. Rien de plus facile puisque mes disciples deviendront en même temps ses clients et qu'ainsi je lui ferai gagner quelque argent, tout en ramenant des pécheurs à Dieu.

VII

J'ai, depuis mon enfance, exercé tant de métiers différents et si rarement senti en moi la force de résister aux gens, aux choses ou aux circonstances, que je ne trouvai point de raison sérieuse pour ne pas obéir à Baruch. Au moyen de l'un des deux draps de lit que nous possédions en commun, je composai donc le costume qui m'était prescrit. Je négligeai toutefois de m'enquérir d'une palme, et je mis simplement sous mon bras, afin de mieux conserver la liberté de mes mouvements, la grande pancarte que Baruch prétendait m'appliquer sur le dos et contre laquelle il avait collé des lettres de papier doré formant les mots suivants :

Où va-t-il ?
Implorer le rachat de son âme
au « Rendez-vous des vrais Berrichons »,
Rue Poulletier,
ce, soir à neuf heures précises.
Consommations de premier choix.
Le salaire du péché c'est là mort,
Qu'on se le dise !

Toute la journée, j'errai ainsi, de bar en bar, parmi d'autres masques tristes et crottés, mais résignés pour quelques heures à figurer une joie, qui, hélas ! n'existe plus depuis longtemps au cœur des hommes. Grâce à la disposition générale des esprits, je passai presque inaperçu. On ne me fit point de remarques particulièrement désobligeantes sur la pauvreté de mon travesti.

Aussi, quand sonna l'heure du rendez-vous, la salle du petit café choisi par mon compagnon ne contenait-elle que ses habitués les plus ordinaires : deux terrassiers, un garçon livreur de la Samaritaine, un garde municipal avec son amie et surtout une vieille écaillère, portée sur la boisson, la veuve Bouteille, née Seigneur – aujourd'hui décédée en odeur de sainteté.

Baruch patienta environ quarante-cinq minutes. Ne voyant pas grossir le nombre de ses disciples éventuels, il en prit son parti, et, se levant de la banquette sur laquelle, jusque-là, il était resté silencieux et méditatif, il frappa ses mains l'une contre l'autre, afin d'attirer l'attention de son côté. Puis, sans plus, il ouvrit la séance.

— Mes frères, dit-il, élevons notre âme à Dieu !

Je m'attendais ; comme vous pensez bien, à ce que l'un des deux terrassiers qui causaient politique derrière un litre de vin blanc envoyât contre Baruch le premier projectile venu, verre ou bouteille, en traitant l'orateur de « sale calotin » ou de « marchand de bon dieu ». Il n'en fut rien. C'est ici, en effet, que l'histoire commence à devenir anormale. Les assistants se dressèrent, d'un accord unanime, pour répéter avec gravité la prière que récitait Baruch. Ce dernier paraissait, du reste, presque aussi surpris que je l'étais moi-même.

Il continua ses exercices par un cantique suggestif et entraînant qu'un de ses anciens lieutenants de l'Armée du Salut avait composé dans trois idiomes différents sur un air fort connu de toutes les nations civilisées, en vue de le rendre rapidement populaire auprès des foules. Seul, le premier couplet de la version française est demeuré dans ma mémoire :

Tous les soirs, comm' tous les matins,
    Le vertueux chrétien
Répète à sa compagne austère :
Viens donc fair' ta prière !
Allons, mets-toi vite à genoux

Auprès de ton époux ;
Ne perds pas d'temps, faut s'dépêcher
D'prier pour nos péchés !
Notre cœur,
Tout en pleurs,
Réclame son Sauveur !
Viens, Jésus-Christ, viens Jésus-Christ, viens !
Viens répandre ta grâce
Et la paix sur nos faces !
Ah ! viens, Jésus-Christ, viens Jésus-Christ, viens !
Lorsque j'ai prié Dieu,
Je me sens tout joyeux !

Les clients du « Rendez-vous des vrais Berri-chons » reprirent en chœur le refrain, et je com-pris dès lors que la partie était gagnée. La voix de la veuve Bouteille détonnait, il est vrai, plus fausse à elle seule que toutes les autres réunies. La digne créature présentait néanmoins un aspect si convaincu que je n'osai point lui frapper sur l'épaule pour l'inviter à modérer ses accents.

Puis Baruch s'engagea dans une longue harangue, comme il savait les faire, où se trou-vaient mêlées, de façon à n'offrir plus qu'un sens assez lointain, des citations dépareillées des deux Testaments et de l'Apocalypse. L'auditoire écou-tait, attentif et recueilli, tel qu'à l'approche d'un grand mystère. J'éprouvais pour ma part, sans en comprendre encore la raison, une vénération tout à fait singulière et imprévue envers mon banal camarade de chaque jour. Je le regardais avec stupeur, bien qu'habitué à ses discours incohérents. Mais ses paroles avaient pris une signification nouvelle, réconfortante et apaisante. Tout n'était plus que béatitude et cordialité sereine dans notre groupe. Il me souvient que le garde républicain avait débouclé son ceinturon blanc, et qu'il pleurait doucement, à petits hoquets, d'une manière enfantine. Je ne sais combien de temps la situation aurait duré, si, subitement l'épouse du cabaretier n'avait poussé un cri strident, un cri où contenait toute la détresse humaine depuis le péché originel, et, quittant son comptoir, n'était venue se jeter aux pieds de Baruch. En des phrases entrecoupées de sanglots, elle lui fit l'aveu de chacune de ses erreurs et reconnut avoir trompé trois fois son mari avec un crémier de la rue des Deux-Ponts.

Mon ami la releva et la baisa sur le front.

— Il ne m'appartient pas, dit-il, de vous pardonner vos fautes. Mais, à coup sûr, on vous tiendra compte en haut lieu de votre repentance pour le passé, aussi bien que de votre bonne volonté pour l'avenir.

Après quoi, je crus opportun d'utiliser les sentiments bienveillants du public en procédant à une quête qui fut fructueuse. Nous pûmes enfin nous arracher à l'enthousiasme de ces néophytes, moyennant la promesse que Baruch reviendrait le lendemain à pareille heure expliquer sa doctrine avec plus de détails.

VIII

Notre concierge, ce même soir de carnaval, sans pareil au cours de mon existence, dormait si profondément lorsque nous voulûmes rentrer chez nous qu'il nous fallut sonner à plusieurs reprises avant que la porte ne s'ouvrît. Tandis que nous attendions, le dos courbé sous la pluie, un vieillard chauve, très caractéristique, et qui boitait péniblement des deux pieds, sortit de l'ombre et nous demanda l'aumône. C'était un pauvre d'une race exigeante et obstinée. Malgré le silence que nous opposions à sa requête, il ne cessait de la répéter sur un ton uniforme, avec, du reste, l'air de penser à toute autre chose.

D'un geste évasif, mais plein de bienveillance, Baruch leva un doigt pour le bénir.

— Allez en paix, mon frère, dit-il, et souvenez-vous que l'homme, bien que né de la femme, ne vit pas uniquement de pain. Dieu vous conduise et vous préserve de la tentation…

À peine terminait-il sa phrase que le mendiant sauta de joie et s'en fut en gambadant comme un écolier.

— Hosannah ! s'écria Baruch, gloire à Dieu, dans le ciel, sur la terre et dans les eaux plus basses que la terre ! Voilà que je fais des miracles, à présent ! Je guéris les paralytiques et rien désormais, ne s'oppose plus en principe à ce que je rende la vue aux aveugles ! Un pareil résultat, cher ami, dépasse toutes mes prévisions…

— Bah ! répondis-je, sans rien perdre de mon sang-froid, ne te hâte pas trop de conclure : qui te dit que ce vieillard, malgré son apparence, n'est pas un ivrogne ou un simulateur ?

Mais Baruch ne se trouvait pas en état de prêter l'oreille à mes objections. Son visage rayonnait d'une joie surnaturelle et ses jambes fléchissaient sous lui comme celles d'un homme pris de vin doux.

Une fois montés dans notre chambre, nous nous couchâmes silencieusement. Malgré ma longue promenade de la journée et contrairement à mes habitudes, je ne parvins pas à m'endormir. Quant à mon compagnon, la pensée qu'il avait pu, sans le vouloir, produire un miracle, ne quittait certainement pas son esprit, car il se tournait et se retournait sans cesse à mes côtés, en proie à la plus vive agitation.

— Je veux en avoir le cœur net, déclara-t-il enfin, passant par-dessus moi ses grandes jambes maigres pour descendre du lit.

Je l'entendis dans l'obscurité courir pieds nus sur le carrelage de la pièce. Puis, il trouva quelque part des allumettes, en frotta une et en communiqua le feu à un bout de bougie. Je le vis alors ramasser par terre un bouchon abandonné, qui gisait auprès d'une bouteille vide et le serrer fortement dans son poing gauche.

— Regarde bien : c'est très sérieux, cette fois. Nous allons savoir si véritablement je suis l'élu du Tout-Puissant. Que ce bouchon, qui est dans ma main gauche, passe à mon commandement dans ma main droite et la preuve sera établie. Pas besoin de chercher plus loin ; j'aurai le don du miracle.

Il ouvrit sa main droite : le bouchon s'y trouvait.

— Je connais ce procédé, répliquai-je. Tâche d'inventer mieux, pour convaincre demain ton auditoire. Sinon, à juste titre, il pourrait réclamer en outre que tu fasses jaillir un lapin blanc de ton chapeau.

— Homme de peu de foi ! Insensé qui me ruines ! reprit-il avec indignation. Tu te jetterais même sur un orphelin, puisque tu t'acharnes à accabler de sarcasmes ton meilleur ami ! Comment oses-tu penser que je puisse tricher dans une occasion aussi solennelle ? Voilà bien le fruit de mon indulgence et de ma tendresse envers toi ! Que faut-il donc pour te convaincre, âme rétive, toi qui fermes délibérément les yeux à la lumière divine ?

À cet instant, la bougie que Baruch avait fixée sur un angle de la table achevait de s'éteindre. Mais l'obscurité ne se fit pas complètement, car une petite flamme immobile, identique à celles qui, dans certaines gravures de piété, représentent le Saint-Esprit descendant sur la tête des apôtres, brillait d'un éclat fort doux au-dessus du front de mon ami.

IX

Ainsi fut révélé le véritable caractère de Baruch. Il appartient à d'autres, plus savants que moi, de connaître sa vie et son œuvre. Dieu merci, les ouvrages ne manqueront point au sujet de cette aventure extraordinaire dont je ne crois pas que la pareille ait jamais, à meilleur droit, mérité d'étonner l'humanité depuis les âges bibliques. Pour ma part, j'ai voulu seulement rapporter quelques faits précis auxquels mon titre de témoin, oculaire ne saurait manquer d'ajouter une réelle valeur. Les prophètes, en effet, sont si rares à notre époque, que les moindres détails, touchant leur personne privée, exciteront toujours la curiosité publique.

Jusqu'à ces derniers jours, je n'ai cessé d'aller visiter mon ami, tous les dimanches après-midi, dans l'asile d'aliénés où l'autorité laïque jugea bon de l'enfermer dès le lendemain du jour où se termine mon récit. Là, comme ailleurs, son influence morale avait accompli des prodiges. Du plus humble malade jusqu'au directeur, sans oublier le portier et les gardiens, tout le monde s'était converti. On n'entendait plus dans cette demeure que des chants d'allégresse et de félicité. Une seule chose m'étonne encore. Je me demande comment Baruch à qui le ciel avait octroyé le pouvoir de soulager ceux qui souffrent, ne parvint jamais à se guérir soi-même d'un regrettable penchant pour les liqueurs fortes. On raconte qu'il mourut d'avoir bu, l'un après l'autre, tous les flacons d'eau-de-vie camphrée de l'infirmerie de l'asile dont il avait un soir dérobé la clef. Mais seuls les séraphins qui furent commis pour venir cueillir son âme pourraient vous dire l'exacte vérité sur cette assertion.

Table des matières